Aesthetics of Bread

パンの美学

はじめに

小麦粉を水でこねるとグルテンの効果で、生地に粘りと弾力が生まれます。生地は手の中で思いのままの象《かたち》になります……。

古代人は願いを神に届ける手段として、パン生地を人や家畜に象どり、供物として捧げていました。これを象形パンといい、エジプト時代のラムセス三世（在位BC1184～1153年）の墓に見ることができます。さまざまなパンに混じって、家畜の形をしたパンが描かれています。

象形パンはやがてヨーロッパへ渡り、宗教儀式からは離れ、むしろ民俗行事として伝承され、主にフランス、ドイツなどで“飾りパン”というひとつの文化として根付いています。

私はこれらのジャンルを「工芸パン」と名付け、“小麦と水と天然酵母”を、創造力という人の手で創る、オリジナリティーあふれる新しい表現手段と致しました。

楽しさと共に、造形芸術を追求する創作ジャンルとして大きく確立していきたいと考えております。

本書では、「パンの文化史」「天然酵母作り」「生地作り」「基本編み、細工法」「高等造形」、そして「作品紹介」と、工芸パンのすべての要素を満載できたと自負しております。

より多くのみなさまに工芸パンの魅力を知っていただき、楽しんでいただければ幸いです。

本書刊行にあたり、田村修司先生、山下昭先生、また本部の秋山千文先生はじめ教務部の先生方に心より感謝いたします。

2007年5月　灘吉利晃

Aesthetics of Bread

C O N T E N T S

～象形パンから工芸パンへ～

古代より象形パンに託された意味は深く、人が神に祈願したい胸の内を、パンで具体的な象を表し、収穫儀礼や豊穫祈願等に供えられていました。また、今日も定番パンのひとつであるブレッチェルは、死者が埋葬されるときに副葬された指輪や腕輪を、本物の代わりにパンでつくり、参列者に配ったものが始まりといわれています。ブレッチェルは、英語のブレスレット（腕輪）と同根の言葉です……。

このように象形パンは、先人たちの願いや希望の象徴だったのです。

私はこの大きな歴史を持つ象形パンを背景に、「工芸パン」としてさらに造形芸術を追求していきたいと考えています。また、そのために自然の創作物である天然酵母を使い、作品の価値を高めています。

Aesthetics of Bread

［第1章］私が伝えたい

～天然酵母が作り出すいのちと小宇宙～

酵母菌を走査電子顕微鏡で調べると、そのミクロの生物は、その他多くの生き物たちと同じように子孫を残す遺伝子をもち、栄養を摂取し、排泄をおこなっています。これらの酵母菌をより深く研究していくことがライフワークとなりました。

検　出　方　法

104倍に希釈したパン種発酵液を、麦芽寒天培地の表面にコンラージ棒で塗布・植菌し、30℃で24時間培養し、形成されたコロニーを試料としています。

天然酵母の神秘

パンの歴史は、8000年という年月を遡ることができます。我々の祖先が、偶然、酵母菌と出会ったことから大きな発展を遂げ、現代に至るまで多くの人々の主食として愛され続けているのです。

酵母菌は、私たちが生活するこの自然界に存在している微生物です。顕微鏡で、そのミクロの微生物たちをのぞき、研究していくと、それらは付着した植物によって、それぞれに異なった表情を持つことに驚かされます。植物の数だけ、それらの菌は存在するということの証しなのです。顕微鏡の中というミクロの世界に広がるいのちの営みとその神秘、そして小宇宙のような表情に感動さえも覚えます。まだ研究は緒についたばかりですが、その一部を紹介します。

パン作りを通して考えたいこと

現代の食生活は「インスタント」に始まり「ファストフード」が当たり前になり、今や「コンビニエンス」という言葉で全てが表される時代となってきました。食生活に最も大切な「安心」と「安全」は蔑《ないがし》ろにされ、各家庭のテーブルからは「旬の味覚」が消えそうです。そして何より「作り手の愛情」と「いただく感謝の気持ち」がなくなろうととしているように感じられます。こんな時代だからこそ、スローフードを提唱し、本物の味を伝えていかなくてはいけません。人には、甘い、辛い、しょっぱい、酸っぱい、苦いという味覚が備わっています。その味覚を育み、食感を楽しむことで豊かな食生活をもう一度取り戻していかなくてはならないのです。

天然酵母の実験例

果実由来の天然酵母を培養し、その変化を調査するとともに培養液中の微生物の分布の解明、並びに天然酵母の形態を調べることを目的として実験を試みた。

（1）酵母、乳酸菌検出用培地の調整
麦芽寒天培地……45g/l
BCP培地…………24.7g/l

（2）果実から天然酵母の増殖法
水…300ｍｌ　上白糖…16ｇ　果実…200gを30℃で培養

数値の見方
- 糖度%
- PH
- 気泡有無
- アルコール臭

	桃	プラム	ブドウ	西瓜	アンデスメロン
	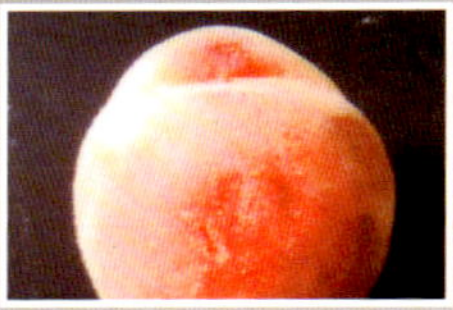				
7月26日（培養前）	 6.0 5.6 - -	 6.0 3.9 - -	 6.0 6.2 - -	 5.9 6.4 - -	 6.0 6.6 - -
7月27日	 6.2 5.2 ++ -	 6.8 3.2 + -	 7.0 3.8 + -	 5.2 4.6 ++ -	 6.3 4.2 ++ -
7月29日	 5.1 5.1 +++ +	 6.4 3.2 + -	 9.2 3.6 +++ +	 4.9 3.7 + -	 5.3 4.0 ++ +
7月31日	 4.7 4.4 ++ +	 4.2 3.2 ++ +	 8.2 3.6 ++ +	 4.2 3.6 ++ -	 4.0 3.8 + +

	桃	プラム	ブドウ	西瓜	アンデスメロン
8月2日					
	4.7	3.2	6.2	3.9	4.0
	4.1	3.1	3.6	3.6	3.9
	+	+	++	+	+
	+	+	++	+	+
8月3日					
	4.5	3.0	6.0	3.8	3.8
	4.0	3.1	3.5	3.5	3.9
	+	+	++	+	-
	+	+	+	+	+

微生物調査

【方法】1/10^{6}希釈培養液を麦芽寒天培地とBCP寒天培地に加え、30℃で30時間培養し、コロニーの形成状態を調べた。

【培養結果】（上）麦芽寒天培地
（下）BCP寒天培地

7月27日
アルカリ性
中性
弱酸性
アルカリ性
酸性
7月31日
酸性
弱酸性
弱酸性
酸性
酸性
8月4日
酸性
弱酸性
弱酸性
酸性
弱酸性

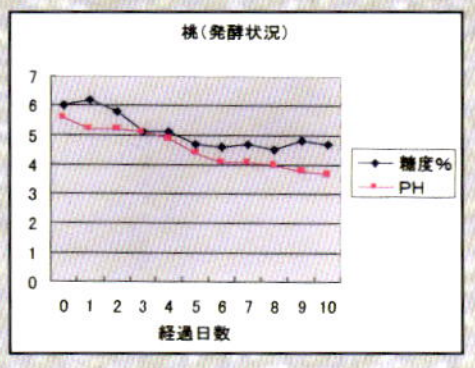

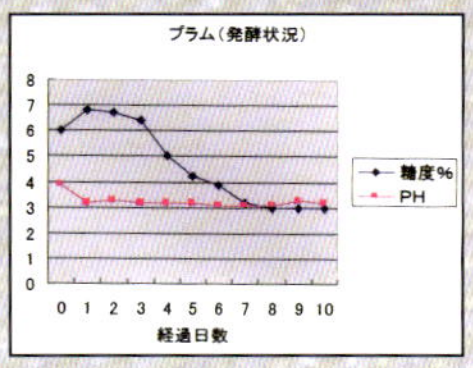

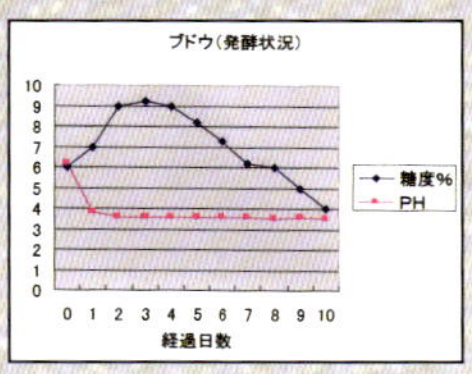

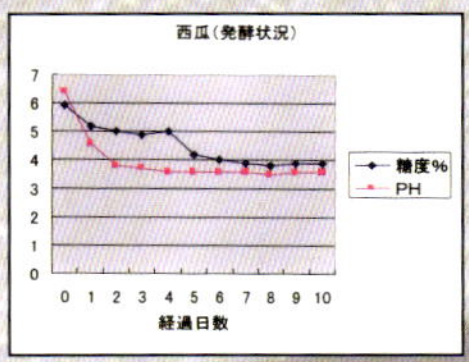

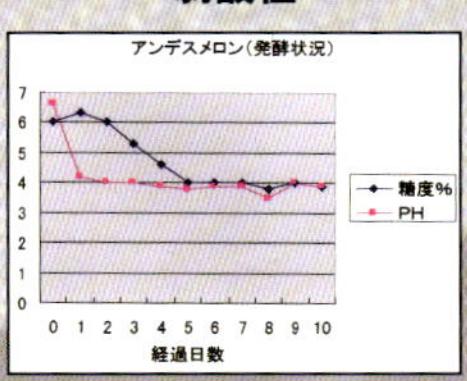

酵母の研究とパン作りの先にあるもの

私は、酵母研究とパン作りを通じ「食の安全と健康」を訴え続け、現在ようやくスローフードという概念が浸透しつつあります。次に、取り組むべきは「食育」と考えています。食を通して、次の世代に伝えることがたくさんあるからです。天然酵母を使ったパン作りは、大変な作業です。本来、四季折々の自然の恵みをいただくということは時間がかかるものです。酵母を育てるために、毎日手間をかけることは一つの愛情表現です。しかも、そのために費やす時間こそ食べる人に対する「愛情」なのです。愛情たっぷりに育った人は、人や動植物、自然などに対して寛容でいられます。ミクロの微生物のいのちの研究が、豊かな人間を育む一助となることを願っています。

天然酵母の走査顕微鏡観察

果実由来の天然酵母を培養し、その変化を調査するとともに培養液中の微生物の分布の解明、並びに天然酵母の形態を調べることを目的として実験を試みた。

（1）試料作成

得られた酵母コロニーより観察対象を選抜（7月29、8月2日の培養シャーレ）し、下記の通りに区分する。

【7月29日培養】	桃	プラム	ブドウ	西瓜	アンデスメロン
No.	A	B	C	D	E
【8月2日培養】	桃	プラム	ブドウ	西瓜	アンデスメロン
No.	F	G	H	I	J

（2）走査電子顕微鏡観察結果

あらかじめ、光学顕微鏡の800倍で観察し、コロニーを酵母と確認した。

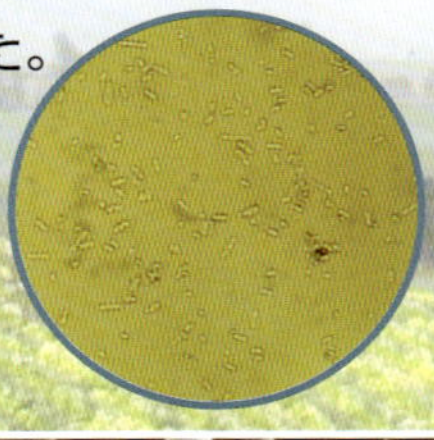

No.A　桃

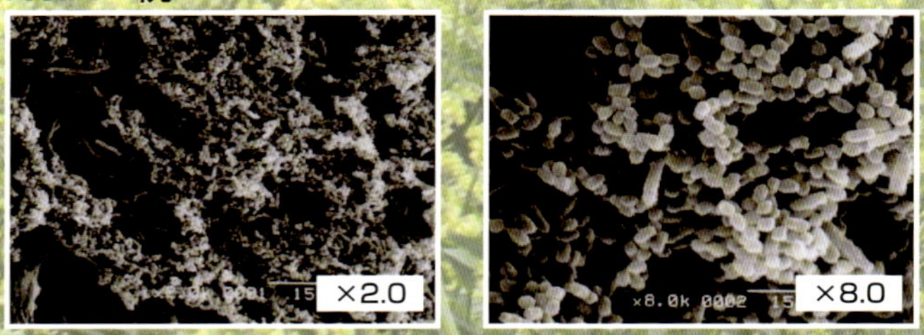

好気性細菌（枯草菌と考えられる）が圧倒的で、酵母は見られない。

No.B　プラム

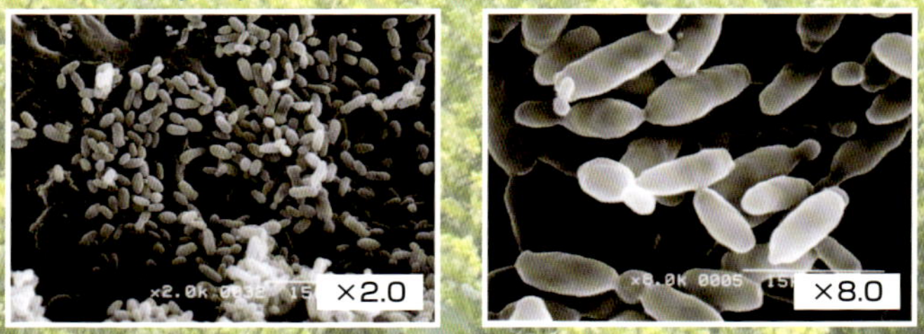

酵母細胞は円筒形で、栄養生殖は極出芽による。乳酸球菌も見られる。

No.F　桃

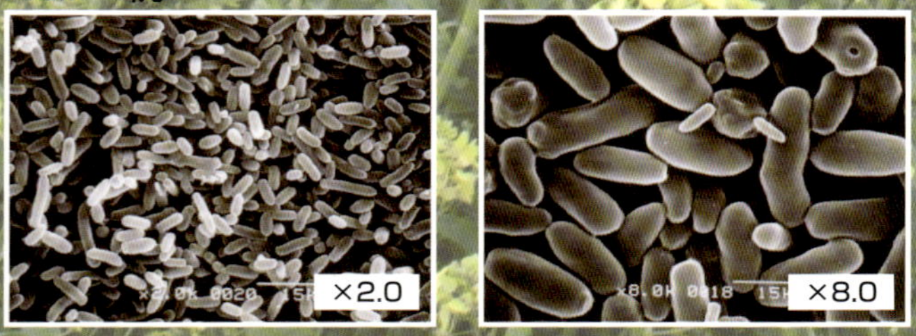

酵母細胞はソーセージ型で、栄養生殖は極出芽による。乳酸桿菌も見られる。

No.G　プラム

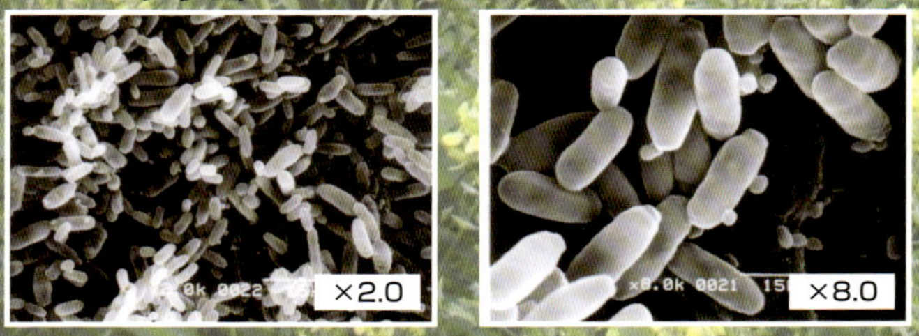

No.Bと同じ結果が見られる。

No.C　ブドウ

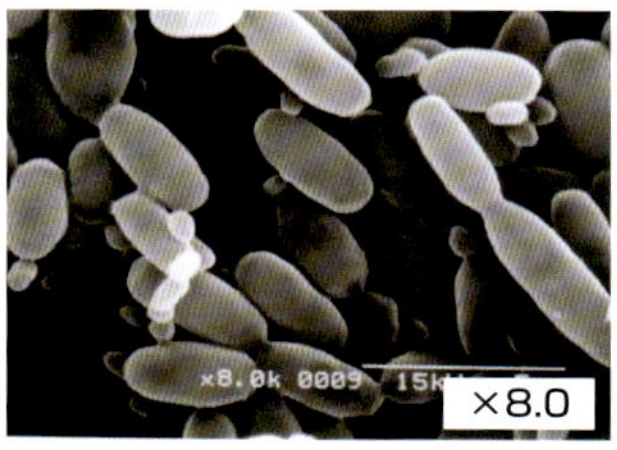

酵母と乳酸球菌が共存している。酵母細胞は円筒形ないし長円筒形で、栄養生殖は極出芽による。

No.D　西瓜

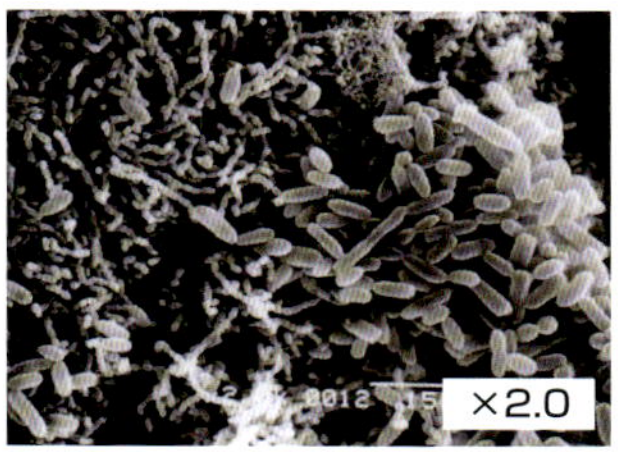

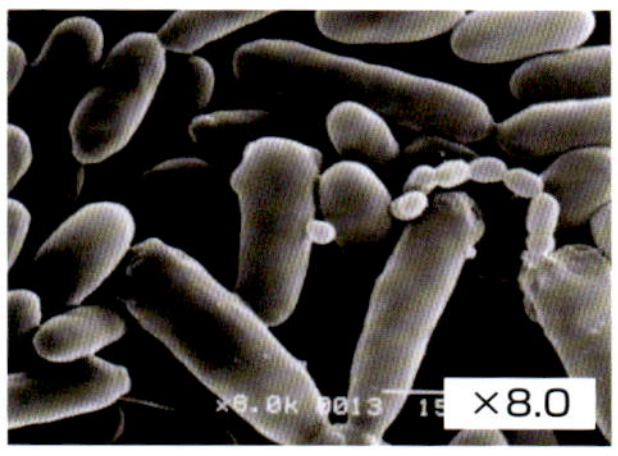

酵母と乳酸球菌が共存している。酵母細胞は長円筒形で、栄養生殖は極出芽による。

No.H　ブドウ

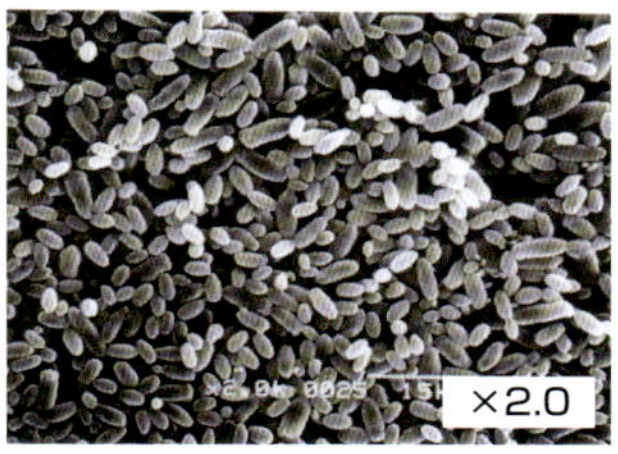

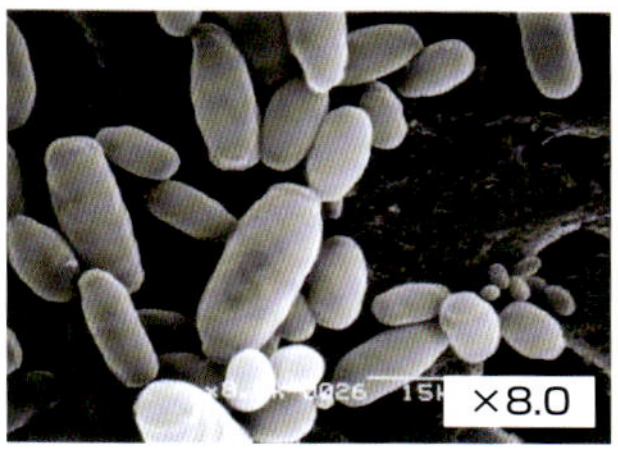

No.Cと同じ酵母と考えられる。乳酸球菌は少なくなっている。

No.I　西瓜

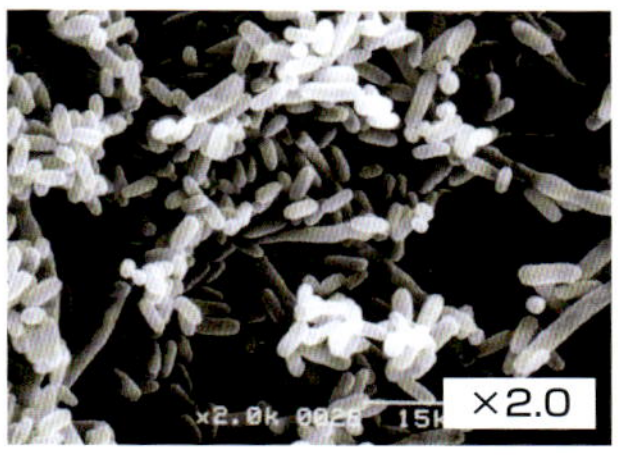

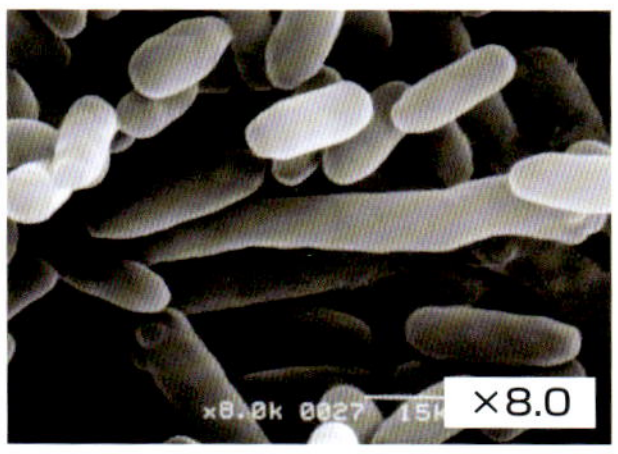

No.Dと同じ酵母と考えられる。乳酸球菌は少なくなっている。

No.E　アンデスメロン

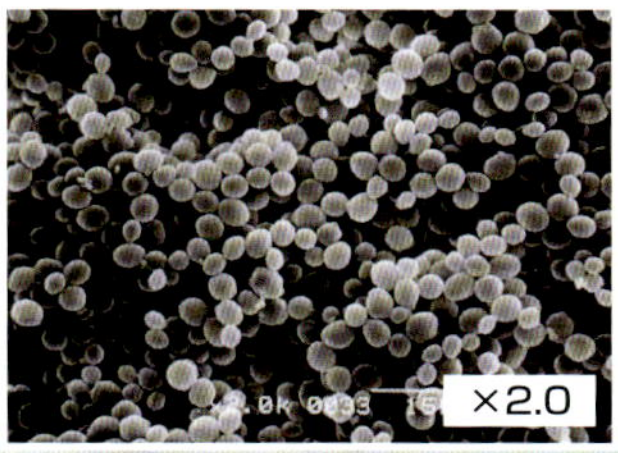

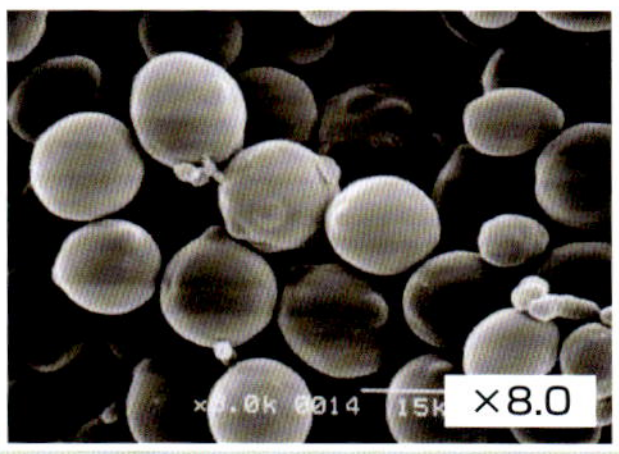

酵母細胞は球形で、栄養生殖は多極出芽による。乳酸球菌と共存。

No.J　アンデスメロン

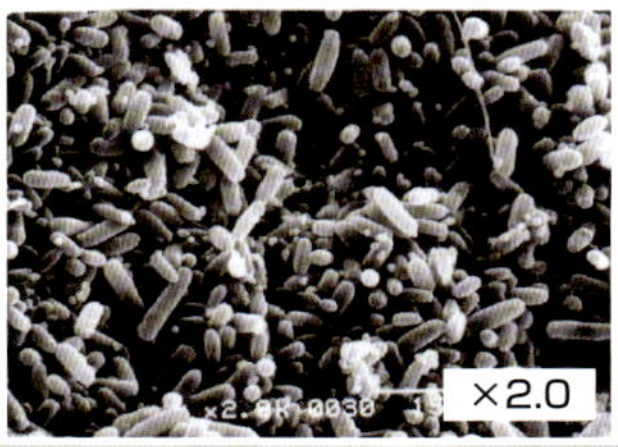

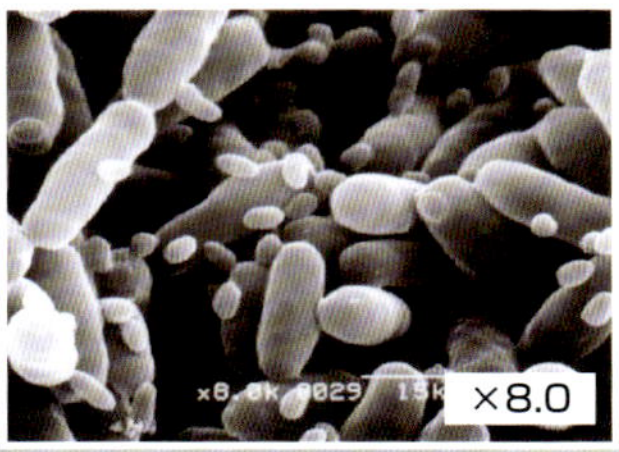

酵母細胞は円筒形で、栄養生殖は（両）極出芽による。No.Eと異なる酵母である。さらに詳しく調べる必要がある。

【メロン由来酵母の光学顕微鏡観察】

メロンEでは休憩の酵母を、Jでは円筒形の酵母を確認した。再度調べてみた。

7月31日培養ではレモン形の酵母が見られた。

培養が進行するにしたがって、酵母の種類の変遷が見られたのは興味深い。

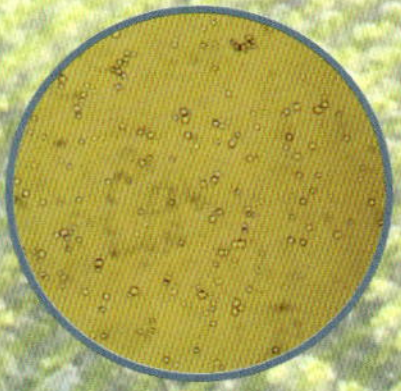

7月29日培養　E

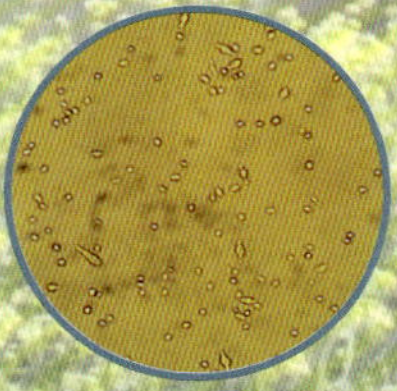

7月31日培養

8月2日培養　J

【7月31日培養のアンデスメロン由来酵母の走査電子顕微鏡観察】

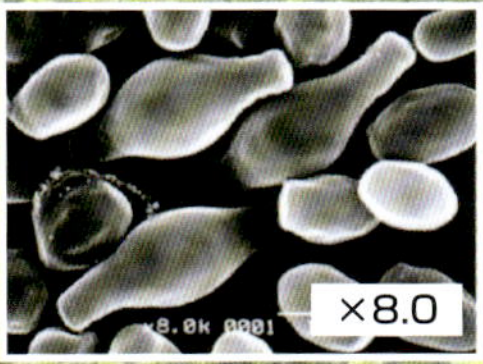

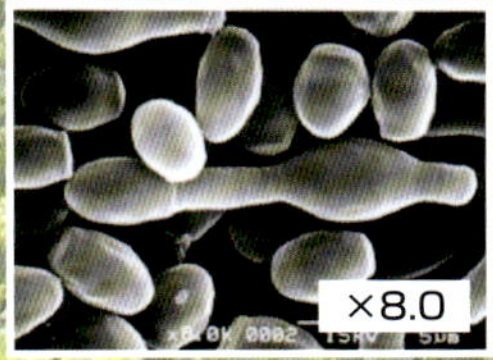

酵母細胞は紡錘形で、栄養生殖は（両）極出芽による。

No.EともNo.Jとも異なる酵母である。

【考　　察】

糖の消費については、発酵力の目安となる。最大値と最小値の差を求めると、桃1.7%、プラム3.8%、ブドウ6.2%、西瓜2.1%、アンデスメロン2.5%となる。特にブドウの糖消費量は最大で、気泡発生（アルコール発酵によるCO_2量）が培養3日目〜9日目まで恒常的に顕著に持続したことと符合する。

　微生物の変化については、サンプル5種さまざまな様相を呈した。桃は好気性細菌の繁殖持続により、乳酸菌が環境を作り酵母育成に至るのは培養5日目からである。プラムは3日目から乳酸菌が主役となり酵母の育成を助けている。ブドウは初日から乳酸菌が主役となり酵母の育成が進んだが、酵母濃度は高くない（コロニー数から判断して）が発酵力は抜群である。西瓜は3日目から乳酸菌が主役となり、酵母の育成条件が整った。メロンは最初から乳酸菌、酵母の育成条件が整っているが、糖消費量が少ない。酵母の性質（発酵力）によるものと考えられる。

　酵母の形態的性質は、細胞の大きさ、形、栄養生殖を基準とした。桃、プラム、ブドウ、西瓜は極出芽において共通するが、ソーセージ型や円筒形、長円筒形など形状が微妙に異なっている。メロンは培養3日目は球形（多極出芽）、5日目は紡錘形（極出芽）、7日目は円筒形（極出芽）と酵母の種類が変遷している。大変興味深い結果となった。

Aesthetics of Bread

［第２章］古代・中世

〜パンの起源から中世・現代まで〜

パンの歴史は人類の歴史といってもいいほどです。一切れのパンの向こうには深遠なる物語と驚くべきドラマが隠されているのです。数千年の時の流れを経て、現在の私たちの食卓を飾り、胃袋を満たしてくれるパンの歴史を探ってみましょう。

●発酵パンの誕生は偶然の産物

パンの歴史を辿っていくと、紀元前8000年〜7000年頃のチグリス・ユーフラテス流域のメソポタミア地域、すなわち、「メソポタミア文明」発祥の地にまで遡《さかのぼ》ります。この頃から山岳部近くに生えていた野生の麦を、人類が栽培するようになったのですが、それは出土された石臼や石の鎌が物語っています。

ようするに、パンの起源は古代オリエント（西アジア）にあったのです。もちろん、当時は麦を加工する技術はありませんでしたから、麦粒をそのまま炒ったり、お粥のようにして食べていました。

それが紀元前6000年〜4000年になると、麦粒を粉にし、水を加え、それを延ばして焼くようになります。無発酵の平たいままのパンですが、お粥状のものと比べると、その保存性は飛躍的に伸びることになったのです。本来の意味での「パンの誕生」です。

さらに、紀元前3500年頃になると、小麦文化が古代エジプトにまで広がって行き、ついに発酵パンが生まれることになります。しかも、発酵パンの誕生は偶然の産物だったといいますから、まさに神のいたずらで人類に与えてくれたのが、パンだったといえそうです。

それは、たまたま捏《こ》ねたまま放っておいた生地に空気中の野生酵母が付着し、自然の気候条件の中で発酵するという、奇跡のような出来事が起こったのです。

こうして誕生した発酵パンは古代エジプトに伝わり、やがて古代エジプト人は周辺諸国から“パンを焼く人”と呼ばれるようになり、パンの製造技術は飛躍的に進歩

〜のパン史

古代ローマ時代に手動ひき臼で粉を挽いている図

することになります。クフ王のピラミッドには“パン”の文字が刻まれ、当時の壁画には小麦を収穫する様子やパンの作り方を描いた絵を見ることができます。

ナイル川周辺の肥沃な土地と粉を挽《ひ》く良質の石に恵まれたエジプトで、発酵パンはますます進化を遂げ、この頃になるとパンの種類は数百種を超えていたとも言われています。

やがて、その製法が古代ギリシアへ伝えられると、古代ローマ、フランスを経て、パンはヨーロッパ全土に広がっていくのです。

古代ローマでは窯の発明とともに、パンを焼くことが職業化されて、都市には多くのパン屋が軒を連ねました。ベスビオ火山の噴火で西暦79年に壊滅し、およそ1800年後に発掘されたポンペイの町からも、パン屋やパン工場と思われる建造物の遺跡が見つかっていますが、紀元前100年頃には、ローマ市内には250軒を超えるパン屋があったといわれています。

パン屋によるギルド（職人組合）が結成されたのもこの頃のことですが、古代ローマの衰退とともに、パン屋という職業も衰退してしまいます。

メソポタミア地方で出土した石臼。この中に小麦を入れ、製粉していた。真ん中がへこんでいるのは磨り減った証拠。

メソポタミア文明期に、すでに粘土製の窯が作られ、パン焼きがおこなわれていた。下は当時のパン焼きの様子を再現したもの。

鉢形の製粉器から進化して、右のようなサドルカーンと呼ばれる製粉器に変わった。当時はこのようにして、小麦を製粉していたに違いない。

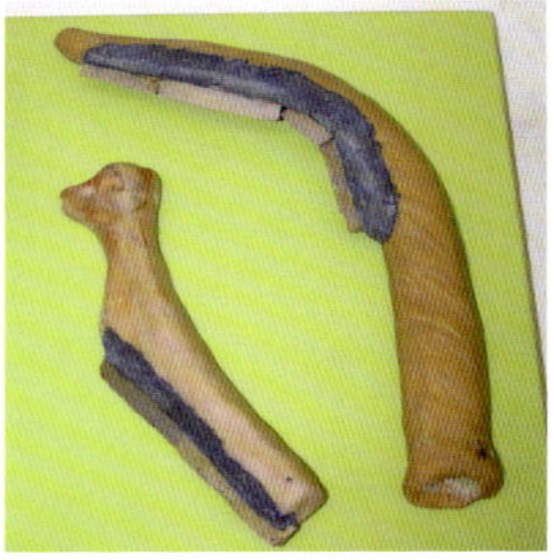

動物の骨にアスファルトで石器をくっつけて作られた鎌。歯の部分が光っているのがわかる。

メソポタミア地方で今も当時のまま自生している、パレスチナ小麦（左）とパン小麦（右）

時代が上ると鎌も金属の物に変わっていった。鎌を使うということは栽培をしていた証拠。

シリアのテレ・ルメイラから発掘された炭化した大麦。炒ったり焼いたりしていたことがわかる。

←ポンペイの遺跡から発掘されたパン焼き釜。（筆者撮影）

→同じくポンペイの遺跡で発掘されたワインの貯蔵用壺。（筆者撮影）

海外へ行ってもパンの研究に余念のない筆者。

●ヨーロッパ中世のパン事情

中世初期になると、地域によってはパン作りを教会や修道院、領主らが独占してしまい、一般庶民からパンの代金を徴収したり、粉を挽くために使われた水車小屋やパンを焼くかまどの使用料と称して、高い税金をかけたりしました。

そのため、徴税人を兼ねた水車小屋の番人たちは人々から敬遠されただけでなく、嫌われ者の対象とされたのです。あの有名なセルバンテスの『ドン·キホーテ』に登場する、水車小屋の番人を悪魔と間違えて攻撃する場面には、じつは水車小屋の番人を嫌う庶民感情が隠されていたのです。

ヨーロッパ中世は、一方で“暗黒の時代”と称されるように、戦乱の時代でもありました。その結果、パンの進化という点でも、これといった大きな動きは見られませんでした。しかも、中世におけるパンは社会の階級を表す象徴的なものでもありましたから、ふるいにかけたキメの細かい小麦粉で作られるパンは「白パン」と呼ばれ、これを口にできるのは、貴族を始めとする上流階級の人たちだけだったのです。

一方で、ふるいに残ったキメの粗い小麦粉やふすま（小麦の皮）で作った浅黒い色のパンは、「黒パン」と称されて、一般の人たちが食べるものとされていたのです。

今でこそパンと言えば、ほとんどの方が「白パン」をイメージするでしょうが、古代から中世にかけての一般の人たちにとっては、「黒パン」こそがパンのイメージだったのです。それはヨーロッパ大陸の北部で収穫できる麦が圧倒的にライ麦中心だったのと、当時は小麦を挽

中世の食事風景

ヨーロッパ中世期の食事風景とは、いったいどのようなものだったのでしょうか。これが意外なことに、スプーンもフォークも使わず、手づかみで食べるのが主流だったのです。それどころか、中世以前は食事と言えば、床に寝転がって食べるのが普通でした。

“フランス料理”と言えば、小難しいテーブルマナーのために、それだけで敬遠したくなる方も多いのではないかと思いますが、そのフランスも含めて、ヨーロッパの食卓に食事の道具が登場するのは、じつは17〜18世紀以降のことなのです。

それまでは肉料理だろうが、魚料理だろうが、シチューであろうが、ナイフもフォークもなしに指を使って食べていたのです。当然、手がベタベタになるので、それを拭うために使われたのがテーブルクロスであり、指の汚れを落とすのに使われたのがパンだったのです。

指だけではなく、スープ皿やソースの汚れを落とす際にもパンが多く使用されたのですが、現在もおこなわれるスープやソースにパンを浸して食べるというスタイルは、この当時の習慣の名残と言っていいでしょう。

いて粉にする過程で取れるふすまを、きれいに除去する技術がなかったためです。

●おいしいパンはルネサンス期に誕生

13世紀に入ると、徐々にパン作りの一方的な独占も解除されていき、ヨーロッパ全土の一般家庭やプロのパン焼き職人の手によって、パンが焼かれるようになります。

その当時のパンは、小麦粉とライ麦を使ったものが主流で、現在のようなふっくらしたものとは違って水分が少なく、フランスパンのようにパサパサした食感のものでしたが、その分保存には適していました。

また、発酵技術が充分でなかったこともあって、質が悪いばかりか味も今のパンとは比べ物にならなかったようです。さらに、当時のライ麦には「麦角（バッカク）」という菌類が付着することが多かったため、この麦角を原因とする麦角病が、ヨーロッパ中世の風土病の一つとして、長い間人々を苦しめたりもしました。

そのため、本当の意味でパンがヨーロッパの食を代表する文化として広まっていくのは、14～16世紀にかけてイタリアで起こったルネサンス期からと言っていいでしょう。さらに、質の良い本当においしいパンが作られるようになるには、発酵技術が向上し、イースト菌（パン酵母）が発見される16世紀以降まで待たなければなりませんでした。

パンを膨らませてくれる酵母（イースト）は、今でこそ人工イーストが主流ですが、かつてはワインやビール酵母などを「種」として使い、ワインやビールをパン生地に含ませてしばらく寝かせておき、発酵するのを待ったのです。

バケットを始め、パンといえば一番最初に思い当たる国であるフランスにフランスパンが登場するのも、じつは16～17世紀のことです。もともとイタリア生まれのこのパンをフランスに伝えたのは、イタリアのマリー・ド・メディチがフランスのアンリ４世と結婚する際に同行した、イタリアのパン職人と言われています。

同じように、フランスの朝食に欠かせないクロワッサンも、オーストリアの王女マリー・アントワネットが、フランスの国王ルイ16世に嫁いだ際に、伝えられたものと言われています。

19世紀の版画
「魅力的なパン屋の女主人」
（『ようこそパンの世界へ』パンニュース社刊より）

中世のテーブルマナー

ヨーロッパでは、テーブルマナーに関する書物は13世紀頃から作られるようになるのですが、その内容はまるで子供に食べ方を教えているようなもので、いかに当時のマナーがなっていなかったかの証拠とも言えるものなので、一部を抜粋して挙げてみましょう。

- ●「ひとがかじった骨をかじり合ったり、一度かじった骨を器に戻してはならない」
- ●「豚のように音を立てて食べてはいけない」
- ●「テーブルの周りに痰や唾を吐いてはいけない」
- ●「鼻をかむときは手（！）を使うこと。服の袖やテーブルクロスで拭ってはならない」
- ●「一度口に入れたものは器に戻してはいけない」
- ●「飲み込めそうもないものは最初から口に入れてはならない」

日本では、よく親しい間柄であることを表現する際に「同じ釜の飯を食った仲」という言い方をしますが、ヨーロッパ中世の食事もこれに近い状態にあったようで、大鍋や大皿に盛り付けられたスープや前菜を、客がそれぞれに必要な分だけよそって食べたと言います。

当時の食卓にはお皿も含めて食器らしきものはほとんどなく、切り分けるナイフのようなものがあったとしても、ほとんどの場合が共用だったのです。

お皿の代わりに、テーブル自体に等間隔の窪みが彫られていて、その窪みに合わせて鉄板や木の板を置き、その上に食べ物を載せたとされています。時代が移るにしたがって、板の代わりにパンが使われるようになるのですが、ここで言うパンは今のような白パンではなく、発酵していない硬い黒パンでした。それをスライスして窪みに置き、皿代わりにしたのです。

この黒パンはそのまま食べたりもしましたが、テーブルの下で待ち構える犬に投げ与えたりすることもあったといいます。16世紀になると食卓の上に壷が置かれ、その中に汚れたパンを投げ入れたようです。壷の中のパンは召使いたちが持ち帰り、民衆たちに売りさばいたとも言われています。

●中世では階層によって食べるパンが異なった

本来は収穫できる麦の種類によって、ヨーロッパの中でも黒パン地帯と白パン地帯に分けられるのですが、中世ヨーロッパでは、貴族を始めとする富裕層が食べるのが白パン、庶民が口にするのが黒パンとされていました。

フランスを例に取れば、今でこそ名だたる白パン地帯といえますが、中世には庶民のパンといえば黒パンのことを指しました。都市のパン屋では、もちろん白パンも売っていましたが、白パンは「パン・ド・シャピトル」（参事会員のパン）と呼ばれたことでもわかるように、あくまでも上層階級や富裕階層が買うことのできるものだったのです。

一方、黒パンは「パン・ビ」（灰褐色のパン）とか「パン・ブルジョワ」（市民のパン）と呼ばれ、典型的な市民が口にするパンを指し、一般の町人や役人、商人や職人などの日常パンとして、都市で最も多く販売されていました。

今でこそ、白パンと黒パンとの間に身分の格差を現す要素などなくなりましたが、フランスにおいては、その格差がなくなるまでには「フランス革命」を通過しなければならなかったのです。

●フランス革命とフランスパン

フランスパンが「フランス国民のパン」となったのは、実は、それほど昔のことではなく、フランス革命のときからなのです。

1789年11月15日に布告された国民公会の法令第9条には「フランスのすべてのパン屋は、ただ一種類の良質のパン、すなわち“平等パン”だけをつくるものとする。違反した場合は禁固刑に処する」とあります。

この第9条は、第8条の「富裕と貧困は平等の体制からは焼却すべきものであるがゆえに、金持ちは極上小麦の白パンを食べ、貧乏人はふすまパンを食べるということがあってはならない」を受けたもので、そもそもフランス革命の一因が小麦の凶作による白パン不足に端を発したことと考え合わせれば、革命のもっとも切実な欲求を汲み上げた法令と言えそうです。

一度良質のフランスパンを口にしてしまった民衆は、その味を忘れることはなかったのです。「たとえ革命を起こしてでも、白パンが食べたい」という衝動は、まさに「食い物の恨みは恐ろしい」という言葉に通じるものがあります。

19世紀に入ってからも何度となくバリケードを築いた民衆は、必ずしも平等の理念から行動したわけではなく、むしろ「白パン」の味が忘れられずに、革命へと駆り立てられたと言ったほうが正確なのかもしれません。

こうした事情があるためか、フランスではパンの長さや重さが法律で決められていて、客から要求されれば、パン屋は定められた価格でパンを目方売りしなくてはならないことになっているのです。

フランスパンとフランス革命。この関係は、フランスでは歴史上の出来事ではなく、いまだに現実の中に息づいていると言っていいでしょう。

ヨーロッパ中世期に焼かれていた白パン（左）と黒パン（右）を再現したもの。現在のパンを食べ慣れてしまった私たちには、どちらも決しておいしいといえるような代物ではない。

●中世のパン焼き

パン焼き技術は、ポンペイの遺跡からもわかるように、当時から現在と遜色のないところまで発達していました。したがって、産業革命までの約１８００年間で、パン焼き技術の大きな変化はなかったものと考えられます。

そこで、中世の中央ヨーロッパの都市部で、人々がどのようなパンを焼いていたのかを見てみましょう。

都市が成立して、商業や手工業が盛んになると、家の道路に面した側が店舗兼作業場となって、それまで家の真ん中につくられていた炉が、中庭に面した側壁側につくられるようになります。やがて、そこは料理をつくる台所になり、仕切りができて居間と区別されるようになっていきました。

そして、居間にしつらえられた暖炉やストーブは、台所の炉やパン窯とは別の加熱料理器としても活躍することになるのです。たとえば、その暖炉やストーブで、自家製パンを焼くようになるのです。

中世期になっても、パン屋がない農村では、パン窯でパンを焼いていましたが、都市部では、パンはパン屋で買うか、家でこねたパン生地をパン屋に持っていって焼いてもらうかの、どちらかでした。
都市の事情によって一概には言えないのですが、様々な制約もあって、一般的にはパン窯の所有は制限されていました。それもあって、暖炉やストーブが簡単にパンや菓子を焼く場所になっていくのです。

このように、暖房設備と料理はこの時期から一体となって発達していくことになるのでした。

●大航海時代のパン

コロンブスが活躍した大航海時代（15世紀中頃～17世紀中頃）になると、新大陸やアジアから、ヨーロッパに向けて様々な食材がもたらされることになります。その結果、パンの世界にも新たな素材が持ち込まれるようになったのです。

香辛料をはじめ、ソバやとうもろこし、ジャガイモなどですが、これらの食材は不足がちな穀物の供給を補ってくれると同時に、パン生地に混ぜるなどして使用されることになりました。

ヨーロッパの食の世界で、ソバやとうもろこしの参入が、麦に代わる食物として登場したことは大きなことではありましたが、最大の食生活の変化をもたらすのはジャガイモの普及だったのです。

民衆の食事の様子を描いた版画。（『ようこそパンの世界へ』パンニュース社刊より）

フランス流は、じつはロシアン・スタイル

フランス料理では、前菜から始まってメインディッシュまで、料理を一皿ずつ持ってきて、食べ終わるたびに次の料理を持ってくるというスタイルが定番の給仕形態ですが、これをフランスでは「セルヴィス・ア・ラ・リュス」（ロシア風のサービス）と言います。その名のとおり、このスタイルはじつはロシアがルーツなのです。

冬の季節には極寒の地となるロシアでは、できあがった料理を一度に運んでも、寒さのせいで食べ終わる頃にはすっかり冷えきってしまうため、熱いものは熱いうちに、冷たいものは冷たいうちに食べたいという発想から生まれた給仕法なのです。

このスタイルをフランスに持ち込んだのは、19世紀半ばにロシアのサンクトペテルブルクで働いていたユルバン・デュボワという料理人だとされています。それまでは「セルヴィス・ア・ラ・フランセーズ」（フランス風のサービス）と言って、熱いものも冷たいものも、全部一緒に食卓に並べていたのです。

ちなみに、「エチケット」という言葉は、フランス語で「立て札」「荷札」を意味するetiquetteからきているのですが、その由来はベルサイユ宮殿で、芝生保護のために禁止事項を書いた立て札を立てたのが、やがて立て札の内容を意味するようになって、禁止項目、遵守事項そのものを表すようになったものです。

●産業革命とパン焼きの近代化

古代メソポタミア文明の時代から、パンが焼かれていたことについては先述しましたが、それ以降、中世にいたるまで、パン屋のパン焼きに関してはこれといった大きな変化は見られませんでした。パン屋の近代化は、産業革命（18世紀から19世紀）の下で試みられたパン窯の改良と、イースト菌の人工培養、生地をこねる機械が出現したことによって一気に進むことになります。

パン窯内部の形が楕円形から方形に変わるのに伴って、パン自体の形も丸から箱型へと変化し、現在食パンとかイギリスパンと呼ばれている、型に入れて焼く四角いパンが登場することになります。型に入れることによって初めて、高くふくらむパンが焼きあがったのです。

さらに、フランスパンのように中はふっくら、皮はパリパリのパンを焼くには、蒸気窯の登場を待たなければならなりませんでした。蒸気窯の登場で、グルテンの少ないフランス産の小麦でも、あの独特のおいしいパンが焼けるようになったのです。

この蒸気窯はイギリスでは19世紀末に、フランスでは20世紀初頭になってから登場しています。

すなわち、イギリスパンやフランスパンの歴史はまだ100年そこそこで、ポンペイの時代からの約1800年間は、パン焼き技術はほとんど進化していなかったのです。

●パン屋の誕生

そもそも「パン屋」という職業は、いつ頃から成立したのでしょうか。旧約聖書の中に、すでに「パン屋」という表記が現れるところを見ると、紀元前6世紀にはパン屋という職業が存在したことになります。

古代ギリシア時代には、かなりの数のパン屋があったことは前述のとおりですが、当時のパン屋は粉を挽く作業とパン作りが一緒になっていました。

これがヨーロッパ中世になって、粉屋とパン屋が分業になり、パン屋が麦を仕入れて賃金を支払って粉屋に挽かせるというスタイルを取るようになるのです。

粉屋が粗挽きにした粉をふるいにかけ、白いキメの細かい粉とふすま混じりの粗い粉に分けるのがパン屋の仕事となり、それが白パンと黒パンになっていくのです。ただし、当初はパン屋と粉屋との間には争いが絶えず、専業のパン屋が社会的地位を確立し、関連職業との分業を明確にするまでには、長い道のりと時間の経過を待たなければならなかったのです。

●二種類のパン屋

ヨーロッパに都市が成立して人口の増加が進むと、パン屋の需要が高まって数も増えていくことになるのですが、依然粉屋や宿屋、行商人などがパンを売っていたた

パスツールが発酵のメカニズムを解明

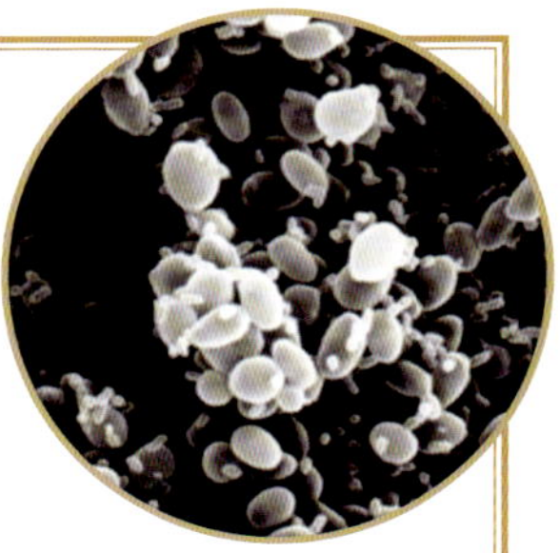

17世紀にレーウェンフックが顕微鏡を発明し、19世紀半ば、遂にパスツールが発酵の原理を解明することに成功した。右は酵母の顕微鏡写真。

ヨーロッパ全土にパンが普及した15世紀以降も、製パン技術は依然としてパン職人の親方たちに独占されていて、発酵の原理も謎のままでした。当時のパン製法はビール酵母を用いていたのですが、当のパン職人たちですら、なぜパン種でパンがふくらむのかという原理は、知らずにいたのです。

そのパン種の正体が明らかにされたのは、1683年のことでした。オランダのレーウェンフックが顕微鏡を発明したのです。彼は顕微鏡を使って、肉眼では見ることができなかったミクロの生命体、「酵母（イースト）」の存在を突き止めたのです。

彼は同時に、酵母の分離培養にも成功するのですが、ここから始まる酵母の研究によって、パン種、つまりパン用の酵母も様変わりしていくことになります。

18世紀にはビール酵母に代わってアルコール製造の副産物である酒精酵母が、次いで19世紀初頭には酒精酵母を圧搾した圧搾酵母が使われるようになります。さらに、19世紀中頃にはヨーロッパ各国で酵母工業の気運が高まり、パン用酵母を培養するための様々な研究がおこなわれます。そして1857年、ついに発酵の原理が解明されるのです。その立役者はフランスの偉大な生化学者であり、医学者としても知られるパスツールです。彼は「酵母が糖をアルコールと炭酸ガスに分解する」ことを初めて理論的に解明し、この成果によって、酵母の研究は大きく進歩することになります。

ヨーロッパ各国で圧搾酵母工業が成長を遂げ、1880年以降には著名な醸造学者も世に出るようになりました。こうしてようやく、6000年近い歴史を持つ発酵パンの秘密が解き明かされ、長年の製造技術に裏付けが得られたのです。

発酵技術は現在、パン・酒などの食品を始めとして医薬品、バイオ関連製品などに広く活用されていますが、発酵のメカニズムがパスツールによって解明されてから、まだ150年ほどの歳月しか経っていません。したがって、発酵には未だに解明されていない多くの謎が残されているというのが現実ですが、それは取りも直さず、無限の可能性が残されているということにもなるのです。

め、過当競争の様相を呈したりもしました。

12世紀から13世紀になると、パン屋は社会的地位を確保し、地方の同業者の参入を団結して防ぐために、組合を結成するようになります。この組合はツンフト（あるいは、インヌング）と称され、領主の認可を得て権威づけられるものでした。

組合は支配権力から認可を得ることによって組合の権威とパンの販売権を獲得し、権力側は組合を直轄してパンの価格を安定させ、さらに税を徴収するという、持ちつ持たれつの関係ができあがっていくのでした。

また、組合は組合員の数や徒弟の数、パン窯の数などを自主規制して、後には技能検定などをおこなって、徒弟が他のパン屋に修行に出る制度や、マイスター（親方）制度などを確立させていきます。

一方、組合に属さないでパンを売る人々には、販売品目の制限、販売日や時間の制限といった様々な規制が課せられていました。パン焼き権がないためにパン窯を所有できなかったパン職人たちは、町営のパン窯を借りて、町人たちが家でこねてきた生地を焼いてやり、パン生地の一部を報酬として受け取って販売していたため、やはり「パン屋」と呼ばれていたのです。

●パン屋の歴史

パンの価格は仕入れた麦の値段によって決まるのですが、中世ではパンの値段はほとんど変わりませんでした。というのは、麦相場の変動を価格に反映するのではなく、大きさ（重さ）に反映させていたためです。したがって、麦が凶作だった年のパンの大きさは、通年の半分にまでなってしまうこともあったといいます。

したがって、その年のパンの重量決定に際しては、パンの重さなどを定めた「パン条例」がパン屋の店頭に掲げられ、市場の一角には「パン秤」と呼ばれる秤が設置されて、市民たちはこの秤でパン屋が目方をごまかしていないかをチェックしたのです。

それでも、麦の収穫量が変動するたびにパンの重量が変わるため、重量をごまかすパン屋も後を絶たず、そんな悪徳パン屋を監視する制度が生まれ、大きすぎるパンや小さすぎるパンを売ったパン屋は、罰金刑を始め、時には重い刑罰に処せられたりもしたのです。

目方をごまかすのは何もパン屋に限ったことではないのですが、なぜパン屋に限って厳しく罰せられたかといえば、それはパンが庶民たちの食の基本であり、神聖なるものだったからに他なりません。

●現代ヨーロッパのパン事情

ヨーロッパの国々では、パンは中世から近代を経て現代にいたるまで、政治や宗教と深く関わってきました。フランスではフランス革命を乗り越えて、一般の人たちもようやく白パンを口にするようになったわけですが、フランスは元来直焼きパンに最適な小麦が収穫される有数の農業国でしたから、パンは「小麦粉の味を味わうもの」とされ、何世紀にも渡って伝統的な製法が受け継がれています。

いっぽう、ドイツは有数のライ麦地帯ですから、ライ麦粉を使ったロッゲンブロートやライ麦粉と小麦粉を混ぜ合わせたミッシュブロートも好まれるため、小麦粉だけで作られるヴァイツェンブロートと合わせると、パンの種類は数百種にも上がります。

このように、パンはそれぞれの国の気候風土に根ざし、長い歴史と伝統によって培われてきたものですから、ある意味、国や民族の食文化の象徴ともいうことができます。

ところが、EC統合（1993年）以来、文字通り国境がなくなったEC諸国間では、どの国でも製粉された白パンが好んで食される傾向になりました。

さらに、冷凍技術の発達から、ヨーロッパ各国の特徴あるパンが国境を越えて様々な国に流通するようになり、どの国でもこれまでは口にできなかったような多様なパンが買えるようになったのです。

その結果、次第に昔ながらの製法で、製造から販売までのすべてを手作業でおこなうパン屋が、一時期大変少なくなったのですが、近年の健康ブームによってライ麦パンやカンパーニュなどの田舎パン、昔風のパン（黒パン）が見直され、注目を浴びるようになっています。

パンそのものの歴史を振り返って、改めて「パンとは何か?」を考えてみると、どんな時代でも「パンとは生きることそのもの」であったことに気づかされます。

とにかく、現在私たちの食卓に当たり前のように並べられるおいしいパンには、途方もない時と数え切れないほどのドラマが隠されていることを知って、つねに感謝の気持ちを忘れずに味わいたいものです。

Aesthetics of Bread

［第3章］日本のパン

～500年足らずの時の流れが日本の食卓を変えた！～

日本人が初めてパンに接するのは、天文12年のことです。以来、さまざまな曲折を経て、今や日々の食卓にパンは欠かせないものになりました。エポックメイキングな出来事をキーワードにして、日本におけるパンの変遷を辿ってみましょう。そこから日本の歴史そのものが垣間見えるはずです。

●鉄砲と共にパンが伝来

1543年（天文12年）、種子島に漂着したポルトガル船が日本に鉄砲を伝えたことは「鉄砲伝来」として、学校の教科書でも習ったことがあると思いますが、実はこの時に同時に伝えられたのが、パンだということはあまり知られていません。

1550年（天文19年）に南蛮貿易の拠点として平戸が開港されると、ポルトガルをはじめイギリスやオランダからも、キリスト教布教のために多くの宣教師が日本を訪れるようになり、日本各地に足を伸ばした結果、パンも徐々に日本人に知れ渡るようになります。

当時は「波牟」と書いて「パン」と呼んでいましたが、これはポルトガル語の「Pa～o」（パン）から来ていて、コンペイトウ、カステラ、カルメラなどと並んで、もっとも早く日本に伝わったヨーロッパ系の外来語と言われています。

戦国武将の織田信長は、いち早く戦いに鉄砲（火縄銃）を持ち込んだことが知られていますが、好奇心の強かった彼はパンをことのほか気に入って、毎食のように食べていたと言われています。

長崎の出島内にあったオランダ屋敷の中の「調理場」の風景画。壁に豚が丸一頭吊るされている。（『世界史の中の出島』長崎文献社刊より）

そのため1582年（天正10年）、「本能寺の変」で信長の天下が終わらなければ、日本の食文化は大きく変わっていたのではないか、と言われるほどです。

その後、1612年（慶長17年）に徳川家光による「キリスト教禁止令」が発せられ、鎖国時代に突入すると、キリシタン弾圧が始まり、日本人がパンを口にすることも禁止されてしまいます。

これは「ぶどう酒はキリストの血であり、パンはキリストの肉である」というキリスト教の教えから、パンも宗教にきわめて近いものだと考えられたためでした。

外来語も禁じられるようになった江戸時代には、パンは「麦餅」「蒸餅」などと呼ばれて細々と伝えられていきますが、江戸時代も終わろうという19世紀の中頃になるまで、日本におけるパンは表舞台に登場することはありませんでした。

●日本初のパンは兵糧パン

それは1842年4月12日のこと。当時を代表する外国通の一人であった伊豆韮山（現在の静岡県伊豆の国市）の代官・江川太郎左衛門英龍が、日本初の”兵糧パン”を焼き上げました。このパンは今で言う乾パンの食感にひじょうに近い物だったと言われていて、かなり歯ごたえがあり、水分がきわめて少なく、その分長期の保存が利くものでした。

日本初のパンを焼き上げた江川太郎左衛門英龍は“パン祖”と呼ばれ、パンが焼き上がった4月12日は今でも「パンの日」に制定されています。

ところで、当時の代官と言えば、現在の地方官僚のようなものです。そんな一介の官僚にすぎなかった江川太

文化史

出島付近を就航する南蛮船を描いた屏風画。（『日本の南蛮文化』淡交社刊より）

郎左衛門英龍が、どうしてパンの製造を思い立ち、さまざまな外国の文献を当たって試行錯誤を繰り返してまで、実際にパンを焼き上げたりしたのでしょうか。

じつは、江川は近代的な沿岸防備の手法に強い関心を抱き、日本に西洋砲術を普及させたことでも歴史に名を残す人物で、全国の藩士を自らが営む軍学塾「韮山塾」に集め、西洋砲術の教育を施していました。

具体的には、江戸幕府の命を受けて江戸湾口の防衛策を起案し、品川の台場を構築しています。また、日本の近代兵器による武装の一環として、鉄製大砲鋳造のための反射炉を韮山につくるなど、“パン祖”である江川は、一方では“日本海防の父”でもあったのです。

江川がパンを焼いた1842年と言えば、イギリスが清国とのアヘン戦争で香港割譲と屈辱的な開港を清国に迫った年でもあります。この報を耳にした江川は、イギリスの艦隊は清国の次には日本にやってくるに違いないと察知し、「いざ本土防衛戦となったら握り飯では戦えない」と考えました。

飯を炊くために火をおこせば、煙めがけて大砲の弾が飛んでくる。ならば、ヨーロッパでは古来から軍用食料としても用いられているという兵糧パンを開発、製造しようと思い至ったというのです。

さいわい江戸で出会った男の中に、長崎出身でオランダ伝来の製パン術を心得ていた者がいたことを思い出し、江戸詰めの配下に連絡を取り、その製造法を聞き出しました。そして、伝授された製造法に従って、早速、韮山の江川邸にパン焼き窯が構築され、前述のとおり、1842年4月12日、ここで兵糧パンの試験焼きがおこなわれ、日本初のパンが焼き上がったという次第なのです。

結局、太郎左衛門英龍が憂慮したような対英防衛戦が勃発して、兵糧パンが活躍する機会はありませんでしたが、この兵糧パンは機能性の高さからたちまち各藩に広がり、幕府や薩摩藩、水戸藩、長州藩などの正式な軍用食料に採用されたのです。

その後、江戸幕府の滅亡と共に太郎左衛門英龍のパンも消えてしまうのですが、近年、静岡県の伊豆の国市で重要文化財に指定されている江川邸そばのみやげ物屋で、当時のパンを再現して「パン祖のパン」（5個入り・500円）という名で、おみやげ用に売られています。

築後400年という古い屋敷を残す江川邸の構内には、自然木を使った大きな碑が立っていて、そこには徳富蘇峰の筆による「パン祖江川担庵先生邸」の文字が彫られています。

右は江川邸内に建立されている徳富蘇峰筆の碑。下は築後400年といわれる江川邸の屋敷。重要文化財に指定されている。

日本初のパンを焼いたときの窯を再現したもの。残っている石は一部だけで、実際には右の復元図にあるような、かなり大きな窯であったことがわかる。

みやげ物店で売られている「パン祖のパン」と江川太郎左衛門英龍の肖像画。

●ロバート・クラークが持ち込んだホップのパン種

ペリー来航、1859年の日本開港、そして明治維新と至る間に、日本の地にアメリカ人はもとより、ヨーロッパ各国からも多くの外国人が訪れるようになります。とくに、港のある横浜や神戸には船員や旅行者、駐屯兵なども常駐するようになって、そんな外国人の主食であるパンの需要が必然的に高まり、日本国内にパン屋が次々と登場することになります。

1862年（文久2年）、イギリスからやって来たロバート・クラークが開くのが「ヨコハマベーカリー」。当時は外国人といえばイギリス人とアメリカ人が圧倒的で、パンの本流もイギリス風山型パンや角型の食パンでした。このイギリス優位の背景には、明治政府が日本近代化のために親英政策を採り、イギリスに指導・援助を仰いだという政治的な要因があったのです。

ヨコハマベーカリーのパンはビールの製造に欠かせないホップをパン種にしていたため、ロバートはホップのパン種をイギリスから持ち込んでいたのですが、1870年にイギリス人のウィリアム・コープランドが山手の天沼にビールの醸造所をつくり、ここが後のキリンビールになります。

このビール工場から分けてもらうホップで、他のパン製造業者もホップを用いたパン種を使用するようになりますが、このホップ種で美味しいパンを焼くのは至難の業で、できの悪い酸味の強いパンが焼き上がることも多く、当時のパンを“スパン”と呼ぶお客さんがいたと言います。日本では、昭和初期にアメリカからイーストが輸入されるまで、食パンはすべてこのホップ種でつくられていました。

日本の食パンの元祖とも言えるヨコハマベーカリーに14歳で入社し、24歳のときにクラークから暖簾わけされるのがウチキパンの創業者、打木彦太郎です。創業当初はヨコハマベーカリー宇千喜商店の屋号で営業し、軽井沢の万平ホテルや精養軒、東京ステーションホテルなどに納品する他、日露戦争時には軍に納める乾パンの製造を一手に引き受けていました。

現在、横浜市中区元町に店舗を構えるウチキパンは、創業以来120年にもなろうという、文字通り老舗のパン屋なのです。

こうしてイギリスパンは居留地にいる外国人、外国の軍艦をはじめとする船舶内、鎌倉や大磯、東京のホテルなどを中心に広まっていきます。

●フランスパンの普及は横須賀から

一方、フランスパンはどうだったかというと、徳川幕府時代にはアメリカ、オランダ、ロシア、イギリスと共にフランスは日本と通商航海条約を結び、明治初年に至るまでは徳川幕府を支援して、フランスは優位な立場にあったため、フランスパンの普及も進みましたが、明治10年頃になるとイギリスパンの勢いに押されていきます。

徳川十五代将軍の徳川慶喜は幕府の政治組織を西洋風に改め、フランスから陸軍士官を招いてフランス式の軍隊をつくったばかりでなく、日仏の貿易振興にも力を注ぎ、1864年（元治元年）にはフランスの援助を受けて横須賀製鉄所を建設したりしました。

翌年の1865年（慶応元年）になると、フランスは横浜にフランス語学校を創設して旗本の子弟たちを養成する一方、ナポレオン砲などの軍用兵器を幕府に提供したり、財政復興に協力するなど、日仏の蜜月関係が続く中で、東京や横浜には多くのフランス人が訪れるようになります。その結果、フランスパンも日本に普及することになったのです。

数十年前のウチキパンの様子。創業以来、その伝統の味を守るため、営業は一店舗のみでしかおこなっていない。

明治初期の木村屋の工場の様子を描いた絵。大きなかまどでパンを焼く様子が活き活きと描かれている。

中でも、この年から1877年（明治10年）までの12年間に渡り、後の横須賀海軍工廠となる造船所に60人のフランス人造船技師が訪れ、同行したフランス人の製パン技術者が給仕の指導に当たって、本場のフランスパン製造法が日本人に伝授されたことが、その後の日本にフランスパンが根付くことに大きく貢献したと言っていいでしょう。

現在も販売されている「桜あんパン」は、当時のまま酒種の生地で作られ、真ん中に八重桜の花の塩漬けがあしらってある。今でも一番人気の商品の一つ。

●あんパンが日本の食生活を変えた!?

16世紀の中頃に日本に初めてパンが持ち込まれ、およそ300年の時を経て日本初のパンが焼かれ、ヨーロッパ各国のパンが徐々に日本に普及するようになっても、米を主食とする日本人にはパン食が向かないのではないかと思われていました。

ところが、パンが米に代わって主食の座を奪うことこそ無かったものの、パンを副食と考えた日本人ならではの発想で、まったく新たなパンを誕生させ、独特な発展を遂げることになるのです。

1874年（明治7年）、文英堂というパン屋の創業者である木村安兵衛と息子の木村英三郎が、パンの中にあんを詰めた「あんパン」を考案して売り出すと、大好評を博します。パンを食べる習慣のない日本人が、どうしたらパンを好きになってくれるかと考え抜き、試行錯誤を重ねた末のことでした。

文英堂はその後、木村屋と店名を改めますが、この画期的な元祖木村屋のあんパンは、パン酵母（イースト菌）を使用せず、当時一般的に売られていた和菓子の「酒饅頭」にヒントを得て、日本酒酵母を含む酒種（酒母、麹に酵母を繁殖させたもの）だけを使ってつくられています。

翌年、安兵衛の知り合いで、明治天皇の侍従を勤めていた山岡鉄舟を通じて、木村屋のあんパンが明治天皇に献上されることになったのですが、この時のあんパンは、パンの中心に桜の花の塩漬けを乗せたもので、これは現在でも「桜あんパン」の名前で売られていて、木村屋でも一番人気の商品になっています。

ちなみに、パン屋に並ぶあんパンを見ると、パンの上にクコの実が乗っているものと、ごまが乗っているものがあります。これは中のあんがこしあんならクコの実、ごまなら粒あんという区別をしているのですが、じつはこれ、明治時代にクリームパンを発売して成功し、木村屋とライバル関係になる中村屋との間で取り決められた約束事だったのです。

ところが、なぜかいまだに日本中のほとんどのパン屋が、このルールに従っているのです。

とにかく、木村屋のあんパンやジャムパン、それに次ぐ中村屋のクリームパンの成功が、その後の日本のパンの行く末を決定づけてしまいます。菓子パンというジャンルを確立し、パンの中に具を入れるという独特の発想で、やがて惣菜パンに繋がる日本人の嗜好に合ったパンが食生活の中に入り込むことになるのです。

←明治7年に銀座の煉瓦街に店舗を移した当初の「木村屋」。

→創業（1901年）当初の中村屋の店舗の様子を描いた図。看板には「パン菓子」の文字が店名よりも大きく書かれている。

↑鹿鳴館時代のチンドン屋を描いた図。当時はチンドン屋があんパンの宣伝をおこなって、注目された。

●戦後の食糧難の中で給食パンが果たした役割

第二次世界大戦後の食糧難の中で、GHQは日本への食糧援助として小麦と脱脂粉乳を大量に送り込んできました。それはそのまま学校給食に充てられ、コッペパンや角型食パン、マーガリンなどが給食の定番メニューになったのです。

小麦粉で作られたパンは米以上にたんぱく質やビタミン、ミネラルが豊富で、日本中の米不足を補う配給物資としての役割をおおいに果たしました。そして、子供たちの空腹を満たし、それまでパンを口にしたことすらなかった日本人の食生活の中に、自然とパンが溶け込んでいく下地を作ることになったのです。

それと同時に、日本国内でのパンの消費量は飛躍的に伸びることになります。

昭和30年代の学校給食風景。前列右の女の子が両手で持っているのがコッペパン。みんなの笑顔からもわかるように、当時は給食時間が学校の大きな楽しみだった。

●ロバのパン屋さん

今でこそホットドッグ、クレープ、ベーグル、メロンパンなど、さまざまな移動販売のパン屋がオフィス街や繁華街で人気を呼んでいますが、"移動販売パン"の元祖といえば、「ロバのパン」です。

左が文字通り、ロバが馬車を引いてやってきた「ロバのパン屋」。右は物珍しさとテーマソングに誘われて集まってきた人たち。左下は現在も営業している"元祖ロバのパン屋"のロゴマーク。

吉ロバのパン
商標
登録
株式会社ビタミンパン連鎖店本部

"ロバのおじさん　チンカラリン"という歌とともに、ロバが引く馬車でパンを販売したのは、京都で饅頭と蒸しパンを扱うビタミンパン連鎖店本部で、戦後間もない1951年のことでした。

1955年にはキングレコードから「パン売りのろばさん」というレコードまで発売され、一時期は全国各地にパンを売るロバの馬車が出没していましたが、10年余りでロバが自転車や自動車に取って代わります。

現在も営業しているのは京都の本家本元だけで、「パンの素」と呼ばれる秘伝の原料で作る蒸しパンの味は、当時と変わらないといいます。車体に「ロバのパン」と書かれたワゴン車をはじめ、3台の販売車で京都市内や近郊をまわっており、各地にチェーン店もあります。

●生活の"欧米化"で世界のパンが日本に上陸

1964年の東京オリンピック、1970年の大阪万博を経て、海外から続々と外国人が訪れるのと同時に、日本人もこぞって海外旅行へと旅立って行ったのが、高度経済成長期でした。

生活の欧米化（洋風化）の波に乗って、この高度成長期はまさにパンが日本人の食生活に浸透していった時期でもあったのです。アメリカン・スタイルの生活様式に対する憧れはもちろんですが、欧米スタイルの食文化に対する憧憬も強く、日本でパンと言えば菓子パン、食パン、コッペパンくらいだったのが、気がつけばハンバーガー、ホットドッグ、デニッシュ、ペストリー、ヨーロッパの硬焼きパン、パイ……と、世界中のパンがいち早く街のパン屋の店先に並ぶようになったのです。

●バブル以降、ますます多様化する食文化

さらに、誰もが浮き足立っていたような「バブルの時代」を経た後には、それまでの欧米主体の食文化志向だけではなく、アジアや中近東、ヒスパニック系を含めた、それこそ世界中のあらゆる料理や食材、食文化が怒涛のように日本へ押し寄せてきました。

パンも世界各国のより多くの地域のものが紹介され、日本人の食卓に上るようになったのです。たとえば、ベーグル、ナン、チャパティ、ピタ、トルティーヤ、パニーニ、フォカッチャ……など、数え上げればキリがないほどです。

1990年代以降、テレビのグルメ番組を中心にマスコミ

が次々と新たな食材や斬新な料理法を紹介し、インターネットの普及で世界の食に対する日本人の関心はさらに高まりました。

“飽食の時代”と称され、成熟し切ってしまった感のある食生活の中で、日本ではすでに世界中の主要なパンは紹介され尽くされてしまったと言っても過言ではないほどです。したがって、今後はそれぞれのパンを生み出した国の文化や生活スタイルなどに対する理解がより深まり、世界中のあらゆる食材との組み合わせの中で、パンを楽しむ時代になっていくのではないでしょうか。

●21世紀は「食の安全と健康」と「食育」がキーワード

平日の夕方に街のベーカリーを覗いてみると、若い女性はもちろん、家庭の主婦と思しき人、仕事帰りの男性などでごった返している光景が目につくはずです。

また一方では、家庭用のパン焼き器や簡易パン焼き釜などが徐々に普及していき、家庭でパンを焼き、焼きたてのパンを食卓に並べるといった習慣が着実に根付いてきたことも見逃せません。

一時期、インスタント食品、レトルト食品、ファストフード、コンビニの出来合い食品ばかりがもてはやされていた傾向が、ここへきて大きく変わり始めたのです。

それは「スローフード」「食育」といった言葉に象徴されるように、食べることをもっと楽しもう、食べることは空腹を満たすためだけではない、というごく当たり前の考え方が見直されてきたことだと思います。

平成17年に施行された「食育基本法」は、「食」に関する知識と「食」を選択する力を習得し、健全な食生活を実践できる豊かな人間を育てることを目的にしています。

そもそも「食育」という言葉は、明治時代に陸軍漢方医の石塚左玄氏が使用した造語で、「児童にとっては体育や智育や才育よりも、食育こそが大切」という意味で使われたといいます。すなわち、単なる料理教育などではなく、健全な食習慣の確立、食生活の改善、食文化の継承といったことまで意味しますから、言ってみれば、箸の使い方から始まって地球の環境問題までといった、ひじょうに幅広い内容を含んでいるのです。

だからといって、何も難しく考えることはありません。私たちが少しでも食について考え、知識を身につけていけば、もっともっと食が楽しく、より大切なものになっていくはずだからです。

また、食べ物が溢れる今の時代は、食の安全に関する問題も身近に溢れています。BSE（牛海綿状脳症）、食品添加物、農薬、遺伝子組み換え、O157、はたまた鳥インフルエンザ……と、私たちを取り巻く食環境はけっして安全とは言えません。

●焼きたてのパンがおふくろの味になる日

「おふくろの味」という言葉は、何も懐かしい味付けや家庭的な料理だけを指して言う言葉ではありません。お母さんが少しでもおいしいものを食べてもらおうと、手間隙を惜しまず、「愛情」という名の最高の隠し味を施した料理のことを言うのではないでしょうか。

35年にわたって、微力ながらも「手作りパン」の普及を通じて「食の安全と健康」「食育」に関わってきた者としては、これから先、母親の愛情たっぷりに育った子供たちが、パンの焼ける香ばしいにおいやバターの溶けるふくよかな香りに、「おふくろの味」を重ね合わせてくれるような日がやってくることを願ってやみません。

ベーカリーのレジに並ぶ人たちのトレイを眺めていると、皆さんそれぞれに好きなパンを選んでいて、多種多様です。また、「ふっくらとしたパンを焼き上げるにはどうしたらいいのか」「天然酵母でパンを焼いてみたい」といった会話も、ごく普通に耳にするようになってきました。

すでに、自分の好みやスタイルでパンを楽しむ、そんな時代に突入していると言っていいのかもしれません。

食の一端を扱う者としては「食の安全と健康」、そして「食育」の考え方に基づいて、手づくりパンの普及に励みながら、より一層健全な食環境、食生活の実現を目指していこうと気を引き締める今日この頃です。

「食の安全と健康」「食育」という大きなテーマを、今後も全国に発進し続けます。

Aesthetics of Bread

[第4章] 基礎編

それでは、実際に工芸パンをつくっていきましょう。まず天然酵母をおこし、パンの生地作りをマスターします。酵母からおこすことで、作品に対する愛着も一層深まるはずです。

さらに、この章では、工芸パンの基礎となる編みや細工の技術から、色づけや立体造形などの高度なテクニックまで、順をおって紹介していきます。作り手ならではのオリジナリティーをプラスしながら、作る喜びを体験してみましょう。

[Part.1] 天然酵母作り

[Part.2] 作品を支える生地作り

[Part.3] 成型に挑戦

[Part.4] 細工技術のバリエーション

[Part.5] 作品に合わせた生地作りと色づけ

[Part.6] 立体造形

[Part.7] 高度なテクニック

[Part.8] 技術を支えるグッズ

[Part.1] 天然酵母作り

酵母とは自然界に分布する微生物で「サッカロミセス・セレビシエ」という学名で、女性名詞がつけられています。日本語訳されたときに「母」という漢字を当てはめたのも、子孫を残すという大きな役割を担うからかもしれません。

この酵母はくだものや植物の表面に付着しています。そこに糖分と水を加え、適度な温度管理をすることで、どんなものからでもパンの元となる天然酵母がつくれるのです。子どもの成長を見守るように酵母がおきてくる過程を観察していきましょう。

大切なポイントは雑菌を入れないこと。温度を一定に保つこと。1日に1回は酵母の様子を観察し、かき混ぜることの3点です。

用意するものは、身近にあるくだものやドライフルーツなど、熱湯消毒し水気を切って乾燥した密封容器、普通の水道水だけです。酵母おこしには、湯冷ましや汲み置きではなく酸素を多く含んでいる汲みたての水道水が最適です。

季節のくだものを使って酵母おこし

❶ 旬のくだものを使うのが最適です。ここではリンゴを使って作っていきます。生のくだものの場合は、よく洗い、農薬などをしっかりと落としましょう。皮を剥かずに、くし形に切ります

❷ 使うリンゴのサイズにもよりますが、8～12等分くらいにカットするのが適当です。タネなどの中心部は残し、上下のヘタの部分を少し切り落とすだけで充分です

❸ 素材の切り口から糖分が出てきますから、切り口が重なり合わないように均等に入れてください。ビンを廻しながら素材を入れると、全体の状況が分かりやすくなります

❹ リンゴが空気に触れないように、リンゴより少し多めの水を入れます。このとき、材料が浮かび上がらないようにします。浮くときには、ラップなどを丸めて入れておきます

そのほかの素材

四季折々の旬のもの、また、もぎたてが手に入ればそれが一番です。中でも、糖度の高いものの方が酵母はおきやすいものです。ドライフルーツなどは、糖分が凝縮していますので初心者向きといえるでしょう。市販のものは表面を軽く洗うか拭いてから使います。最盛期に自分でドライにして保存することをおすすめします。ナシやスイカなど、水分の多いものは取り扱いに注意が必要です。

エキスを絞り培養液を作ります

大切に育てた酵母ですから、パンになるまでは慎重に取り扱いましょう。手順の中でコスモハートを使いますが、持っていない場合はフードプロセッサーやミキサーなどで代用が可能です。特に注意しなければならないのは、製作のプロセスの中で雑菌を寄せ付けないようにすることです。

完成した培養液は最大で1週間程度保存が可能です。肉や魚、納豆などを避けた冷蔵庫の清潔な場所に保管しておきましょう。使用前に室温に戻し、色や匂いが保管前と変わっていたら使わないようにしてください。

❶ 熱湯消毒をしたボールとザルを用意します。どちらも普段使っているもので構いませんが、雑菌が入らないように消毒は徹底しましょう

❷ ビンの中身をザルにあけて、エキスの詰まった液体と実に分けます。エキスは後ほど使いますから、こぼさないように注意して保存してください

酵母の成長を観察しましょう

酵母おこしは、季節や気温、作り手の環境などで大きく変化しますから、まったく同じものを作ることはできません。だからこそ自分の五感をフルに使って、子育てをするつもりで毎日見守りましょう。変化する色を見て、酵母のおきる音を聞き、素材の匂いをかぎ、変化する味を感じ取る。こまめに手をかけ、世話をするだけ応えてくれるものなのです。

保管場所では気温24℃～30℃を保ちましょう。春、秋は室温で、夏は冷暗所、冬は暖かな場所に置きます。直射日光や直接温風があたる場所は厳禁です。

第1日目

見た目にはほとんど変化はありませんが、ビンの中では酵母が生きています。気を抜かず、温度を一定に保ちましょう。1回は必ず中身をかき混ぜ、フタを開けてガスを抜きます

第2日目

水の色に少し変化が出始めます。これは、糖分が出てきているという証拠です。かき混ぜるときは、ビンを上下に振るか、金属や木以外、ゴムベラなどの調理器具で混ぜましょう

❸ コスモハートにメタルブレードをセットしておきます。先程の実を入れスイッチを入れます。このときリンゴの種を取る必要はありません

❹ ある程度細かくなってきたらパルスボタンで、実の具合を確認しながら回転させましょう。実がペースト状になることが目安です

❺ 先程取り置いたエキスをコスモハートに戻し、ペーストと馴染むよう軽く廻します。これで培養液が完成しました

第３日目

水の色が一層濃くなってきます。ガス抜きをするときに、ビンの中の匂いを嗅いでみてください。リンゴ独特の甘酸っぱい良い香りがしてくるはずです。かき混ぜることも忘れずに

第４日目

皮の色が落ち、実は少しふやけた状態に変化してきます。水の上に気泡ができはじめます。かき混ぜ、ガス抜きでビンを開けたときに、耳を澄まして酵母の音を聞いてみましょう

第５日目

泡がブクブクと出てくれば準備が整った合図です。保存の状況などにより１～２日の差が出ますから、自分の五感で判断しましょう。一般的な材料なら５～７日でこの状態になります

元種作り

酵母の働きを間近で見ることができます

元種とは、培養液に強力粉と糖分を加えることで、より活発に酵母を働かせるためのものです。酵母が働くと糖分が分解され、炭酸ガスとアルコールを発生させます。良い状態で発酵させるためには、30℃くらいの温度が保てる場所で保管するなど温度管理が必要になります。2日目、3日目と日を追うごとにフツフツと炭酸ガスが発生する様子を観察しましょう。酵母は生きているということを一番実感できる瞬間です。

元種の状態では保存ができませんから、パンを焼く日に合わせて元種作りをスタートしましょう。

1. 培養液に、強力粉と蜂蜜を入れます。強力粉の分量は、培養液がゆるいペースト状になる程度。蜂蜜の糖分を加えることで、アルコールと炭酸ガスの発生を促進します。糖度に合わせ蜂蜜の量も加減してください

2. すべての材料をよく混ぜ合わせます。混ぜるときにはゴムベラかプラスチックのこね杓子を使いましょう。粉と培養液が分離してしまうようなら、粉を少しずつ足して様子を見ます

3. すべてを混ぜたら30℃程度に保てる場所で保管します。発酵が不十分なときは、さらに強力粉を足し、混ぜ合わせます。2〜3日で表面にフツフツと炭酸ガスが発生してきます。この泡が全体に行き渡ると元種の完成です

[Part.2] 作品を支える生地作り

工芸パンの生地作りは、通常のパン作りよりはプロセスが少ないのですが、基本をしっかりとマスターしておく必要があります。混ぜるというビーティング作業と、こねるというニーディング作業を確実におこなえば、作品のできばえにも大きな差がでます。

ビーティングの基本は、混ぜるときごとにダマを残さないよう、丁寧に混ぜ合わせるということです。また、ニーディングでは力が入りすぎる親指と人差し指を使わずに、愛情を持って軽やかにたたくというのがポイントです。たたいて、伸ばして、丸めるという作業がリズミカルにできると仕上がりも美しくなるのです。

❶ 生地をつくるときには、元種、仕込水、強力粉などすべての材料の計量を済ませ、必要なものをすべて用意しておくことがパン作りの基本です。仕込水は春35℃、夏10℃、秋40℃、冬45℃を目安に準備します

❷ 最初に砂糖と半分の量の強力粉を均一になるようサックリと混ぜ合わせます。砂糖は発酵を促すために大切なものです。全体に酸素を含ませるような気持ちで混ぜましょう。丁寧におこなうことで粉ふるいが不要になります

❸ 元種を一気にボールに加えます。そのときに、プラスチックのこね杓子は回しながら、粉と混ざり合うようにします

❹ 粉と元種が均等になるように、ボールを回しながら、しっかりとかき混ぜましょう。ポイントごとにしっかりと混ぜ合わせることで、粉がダマになるのを防ぐことができます

❺ 仕込水を入れ、手早く混ぜ合わせます。この段階でダマがすっかりなくなるまで、5分間くらい根気よく攪拌していきます。これがビーティングと呼ばれるパン作りで大切な作業です

❻ ここでは、まだ粉を半分しか入れていないので生地はペースト状になります。ダマがなくなった状態で放置して生地の表面を観察してみると、生地の中に炭酸ガスが発生し、表面に気泡ができてきます

❼ 残りの強力粉と塩を合わせ、ボールに入れます。ここでまた、しっかりと混ぜ合わせ、ダマを作らないようにしましょう

❽ 粉の部分がなくなるまで混ぜましょう。ここでも、ボールを回しながら作業すると早く混ざります。リズミカルに混ぜていくとダマもできにくいものです

❾ 8割程度混ざったら、ショートニングを加え、手で混ぜます。ショートニングが生地全体に溶け込むように混ぜていきます

❿ ある程度まとまってきたら、ボールの中でたたきます。ボールの縁に付いた粉も少しずつ綺麗になっていきます。生地の表面がなめらかになるまで、根気よく続けてください

⑪ 生地にべとつき感がなくなったら台の上でたたきます。中指と薬指と小指の3本で引っかけながら台にたたきつけます。ただ力任せにたたくのではなく軽やかにたたくのがコツです。たたいたあとは伸ばして巻き込みながら丸めるという一連の動作を何度もおこないます。通常のパンほど念入りにおこなう必要はありませんが、生地の状態を見ながら続けていきましょう

⑫ 生地の表面がしっとりとなめらかな状態になったら、これでニーディング（こねる）という作業が終了です。少しすると表面には無数の気泡ができてきます

⑬ 生地をビニール袋に入れて常温で30分程度寝かせます。袋の中では炭酸ガスが発生していきますから、口はゆるめに縛っておきましょう。これで生地の完成です

時間を短縮して気軽に作るにはコスモハートが便利です

酵母の素材をペースト状にしたり、パン作りの基本ともいうべきビーティングやニーディングの作業を素早くおこなう機械です。生地作りの①〜⑫までの行程がすべてできますから、これさえあれば、生地をビニールに入れるだけ。コスモハートの詳細については、ホームメイド協会本部（TEL03-3276-1888）までお問い合わせください。

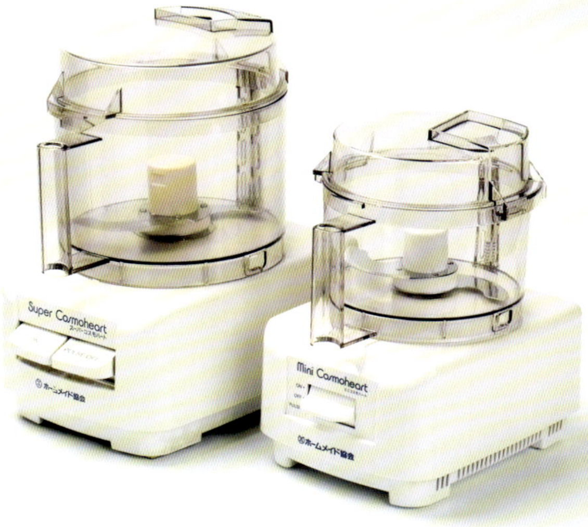

[Part.3] 成型に挑戦

かご＆カボチャのパン

「工芸パン」というと、「何となく難しそう」というイメージがありますが、パン作りをしたことがあれば、そこで学んだ基本の技術を応用するだけで、次々といろいろなものが作れるはずです。初めての方でも、身近にある台所用品を使うことで、さまざまな形が作り出せますから、どんどんチャレンジしていきましょう。

まずは、可愛らしい形が特徴的なカボチャのパンと、それを入れるかごを作ってみましょう。このかごは、編みの技術ではなく、生地にメッシュローラーをかけただけですから、初心者にはピッタリです。ちょっとアレンジするだけで、もう工芸パンの作品ができあがります。ぜひ、パンと一緒にテーブルに盛りつけてみてください。お客さまや家族の喜ぶ顔が見えるようです。いろいろな作品を日常生活に利用したり、作る楽しさを体験しましょう。

かぼちゃのパンとかごからスタートです

❶

生地を2分割し、一つはパン用に6分割、もう一つはかご用に3分割します。パンにする分は丸め直し20分間ベンチタイム。この間に15㎝ステンレスボールにアルミホイルをかぶせ、全体にショートニングを塗ります

❷

かご用の生地は、めん棒で10㎝×18㎝に伸ばして、両面にコーンミールをつけておきます。手前からメッシュローラーをかけます。メッシュローラーがない場合は、ピザカッターで均等に切り目を入れましょう

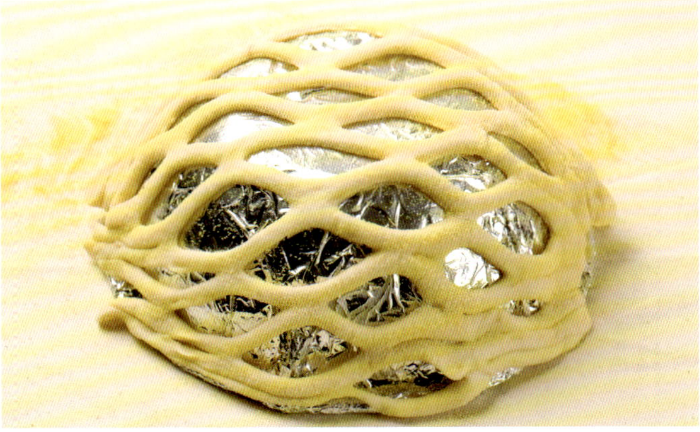

❸

先程準備したボールに、②の生地を慎重にかぶせ、広げます。全体に形を整えたら、仕上げ発酵なしで、180℃に熱したオーブンで10分、ボールを外し、150℃のオーブンで更に10分焼成します

❹

6分割した生地を丸く伸ばし、丸めたカボチャのフィリングを入れてしっかりと閉じます。スケッパーで6箇所切り込みを入れてカボチャの皮をさします。仕上げ発酵後、照卵をして180℃に熱したオーブンで10〜15分焼きあげます

【レシピ】

<材料>かご3個・パン6個分

■1回目ビーティング(手ごね)

強力粉　50%=150g

砂糖　10%=30g

サンリッチナトゥール　7%=21g

温水　21%=63g

仕込水　水34%=102g

卵　10%=30g

■1回目ニーディング

強力粉　50%=150g

塩　1.6%=5g

■2回目ニーディング

油脂(ハイリッチ)　10%=30g

■フィリング(6個分)

カボチャのマッシュ　150g

砂糖　20g

バター　10g

生クリーム　15g

[Part.4] 細工技術のバリエーション

飾り額

ここでは、キュートなミニパンをいっぱいつけた飾り額を作りながら、基本となる「三つ編み」をマスターしましょう。三つ編みは、まず同じ太さ、同じ長さのひもを3本作るという作業が大切です。できる限り均等にしていきましょう。また、パンの三つ編みは、通常とは異なり中心から編み始めます。これは編みが伸びないようにするためです。左方向へは上へ上へと生地をのせていきます。真ん中から右方向へは下へ下へと編みます。編み上がったら、軽く水をつけて止めてください。初心者には、長い三つ編みは難しく感じられますから、最初は半分くらいの長さで、横に2本付けるなどアレンジしながら練習するといいでしょう。

この飾り額を応用すると、ウエルカムボードやネームプレートなどが作れます。ボードの表面に何を飾るかは自由自在です。

「三つ編み」をマスターしましょう

❶

台になる部分600ｇを分割し、クッキングシートの上で28㎝×23㎝になるよう、めん棒でのばします。竹串で均等にピケしましょう。ピケをしっかりとしておかないと焼いたときに、表面が膨らんでしまいます

❷

60ｇの生地3個を、それぞれ1ｍに伸ばし三つ編みにします。初心者の場合は、30ｇの生地6個をそれぞれ50㎝にして三つ編みを2本作り、上下に分けた方が扱いやすいです。水を台のまわりに塗って三つ編みをつけます

❸

残りの生地を、約5ｇずつに分割して一旦丸めたあと、それぞれで小さなパンを作ります。ハサミで切り込みを入れエピ型にしたり、クロワッサン型にしたり、巻いたりねじったり、自由な発想で作ってみましょう

❹

台全体に照卵を塗り小物をバランスよく並べます。仕上げ発酵はせずに、180℃に熱したオーブンで15分、140℃～150℃のオーブンで10分焼成したら完成です

【レシピ】

＜材料＞

■1回目ビーティング（手ごね）

強力粉　50％＝250g
砂糖　15％＝75g
りんご種　18％＝90g
仕込水　35％＝175g
卵　15％＝75g

■1回目ニーディング

強力粉　50％＝250g
塩　3％＝15g

■2回目ニーディング

油脂（ショートニング）
10％＝50g

ハンガリー風格子編み

「編み」技術を応用したバリエーションです。一見すると、白生地と黒生地が入り交じった難解な幾何学模様に見えますが、手順どおりにひもを動かしていくと、あっという間に完成します。初心者は、まず2色の毛糸で編む手順を練習しておくとパン生地が乾く心配がありません。

この作品では、均等な太さのひも作り、白生地と黒生地の使い分け、そして生地のねじりの技術などがマスターできます。編む作業をするときに、あまり引っ張りすぎて、均等な太さのひもをのばしすぎないことも大切なポイントです。白生地と黒生地の間隔が目安になります。

シンプルな円形に焼き上がりますから、壁に掛けたり、ティーポットの下に敷いたり、使い道はさまざまにアレンジが楽しめる作品です。

均等なひも作りと生地のねじりを学びます

❶

生地の2分の1にカラメルを混ぜ込み、白と黒の生地を作ります。白生地と黒生地ともに20ｇを6個、50ｇを1個ずつに分割しておきます。20ｇの生地はすべて均等な太さで、40cmの長さまでのばします

❷

白生地と黒生地をねじり1本のひもにします。真ん中で二つ折りにし、折れ曲がった部分を中心にして、クッキングシートの上に放射状に6本並べます

❸

手前から時計回りに、となりに位置するひもの下に重なるように動かします。重なり合った部分を1回ずつねじります。一周した後、更にとなりのひもと交差させてひもの先端を押さえると全体は星形になります

❹

50ｇに分割した白生地と黒生地を110cmにのばし、ねじり合わせて1本にし、外枠を作ります。これを星形の先端を縫うように丸く絡ませます。端を整え、照卵をして180℃のオーブンで10分、150℃で10〜15分焼成します

【レシピ】

＜材料＞

■1回目ビーティング(手ごね)

強力粉　50%=100g

砂糖　15%=30g

仕込水　牛乳15%=30g

卵20%=60g

■1回目ニーディング

強力粉　50%=100g

塩　2%=4g

■2回目ニーディング

油脂(バター)

10%=20g

■生地の2分の1に

カラメル　6g

古木

とてもパンでできているとは思えない、風格ある古木を作りましょう。ここでは、アルミホイルを巻いた型を使って、いろいろな形に仕上げる技術を学びましょう。[Part. 3]でかごを作るときにステンレスボールを使いましたが、中を新聞紙にすることで、自分の好きな形が作り出せます。作品を作るときには、焼き上がった形をイメージしながら作るということが大切になります。また、焼き上がった作品を、バランス良く置けるようにしておくことも忘れないでください。

この作品では、古木の風合いをリアルに出すため、生地にカラメルを入れて茶色の色づけをしています。また、木のトゲに似せるためにほうじ茶を生地に混ぜ込んでいます。こういう工夫もまた工芸パンの楽しさです。コスモハートで生地を作る場合は、メタルブレードに生地を3分かけたあとで、ほうじ茶を入れ、10秒かけると作業の効率が上がります。

新聞紙を芯にして好きな形を作りましょう

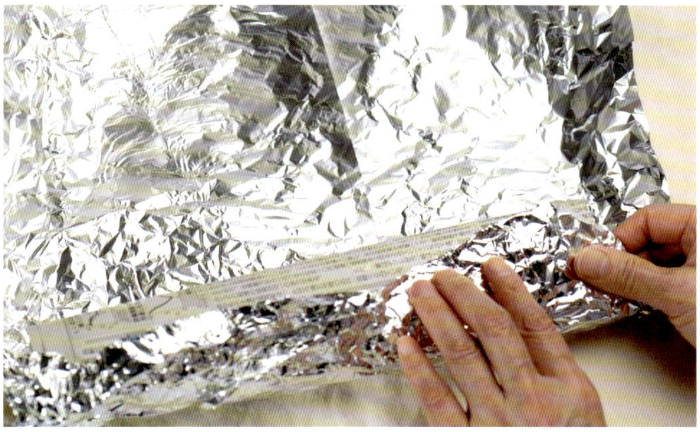

❶

新聞紙2枚を4分の1のサイズに折り、棒状にしてアルミホイルを巻き付けます。全体にショートニングを塗っておきましょう

❷

50ｇを残し、生地を20㎝×23㎝に伸ばします。全体に木の皮をイメージしながら軽く筋目をつけます。この時の力加減には気をつけてください。最後に、適度な間隔で数カ所切り込みを入れます

❸

先程準備しておいた新聞の型に生地を巻き付けます。形を整え、とじ目が下になるように置きます。この時に入れる花をイメージして、全体のバランスを安定させましょう

❹

上になっている切り目を、花が生けられるように切ります。切りすぎると形が崩れるので、この時もバランスに要注意です。残り生地で葉や枝などを飾り、200℃のオーブンで20分、型を抜いて150℃で10～15分焼成します

【レシピ】

<材料>

■1回目ビーティング(手ごね)

強力粉　50%=150g

カラメル　4%=12g

仕込水　水40%=120g

水飴10%=30g

■1回目ニーディング

強力粉　50%=150g

塩　2%=6g

■2回目ニーディング

油脂(ショートニング)

6%=18g

細かく挽いたほうじ茶

20g

[Part.5] 作品に合わせた生地作りと色づけ

工芸パンの楽しさがわかってくると、次はどんなものを作ろうかとか、これはどんな構造なのかなどと、立体に対するものの見方が変わってくるはずです。そうした日常の観察眼が、また新しい工芸パンへの意欲となりますから大切にしていきましょう。

[Part. 5]では中級レベルとして、編みの技術を応用した「バスケット」。粘土のように見たままのものを形作り、色づけをする「野菜」。編みを含むいくつかの要素を複合させた「風車」。そしてそれを一層発展させた「ランプシェード」を作ります。

作品に合わせた生地も多様になってきますから、実際に自分で生地を作り、作品を製作することで作品と生地との相性、焼き上がりの風合いなども覚えていきましょう。

[バスケット]

基本となる格子編みに、少し変化をつけた編みの技術をマスターします。まずは細い帯を何本も作ること。面倒だと思わずに、しっかり定規で測っていきましょう。最初に筋目をつけてからカットすると楽に作れます。編むときは、間隔が均等になるように注意しながら進めていきましょう。また、持ち手の部分にはワイヤーを入れた補強と取り付けも一緒に学べます。

格子編みに変化をつけた編みの技術にチャレンジです

❶

320ｇの生地をめん棒で25㎝×30㎝にのばします。ピザカッターで1㎝幅の帯を15本、5㎜幅のひもを30本作りましょう。5㎜のものは少し転がして角をとり、2本を合わせて1本の帯として使います

❷

クッキングシートに1㎝幅の帯と5㎜２本の帯を縦に交互に並べます。それぞれ７本ずつを目安としましょう。中心から横に1㎝幅の帯、5㎜２本の帯を交互に編みます。これを生地の端まで続けましょう

❸

15㎝ステンレスボールにアルミホイルをかぶせ、全体にショートニングを塗っておきます。できあがった編み生地をボールにのせて端を切り落とします。残りの1㎝幅の帯に軽く水をつけ、ボールの縁に巻きましょう

❹

かごは照卵し180℃のオーブンで10分焼成。その間に1㎝幅の帯3本で三つ編みし、中心に♯24ワイヤーをのせ7㎜幅の帯で貼りつけます。焼いたかごに取り付け、残り生地で縁に飾りつけして、照卵後180℃のオーブンで更に10分焼成する

【レシピ】

＜材料＞

■1回目ビーティング（手ごね）

強力粉	50％=150g
砂糖	5％=15g
仕込水	水40％=120g

■1回目ニーディング

強力粉	50％=150g
塩	2％=6g

■2回目ニーディング

油脂（ショートニング）
10％=30g

[野菜各種]

　野菜は、見たままの形を、粘土細工のようにパン生地で作ります。ナスやトマト、ニンジンのように丸みをおびているものは、ティッシュを丸めて形を作り、その上からホイルを巻き付け、生地を貼り付けると簡単に作れます。どれも50ｇ前後で作ると、前ページで作ったバスケットとのバランスがとれます。手持ちの水彩絵の具で色づけすると、一層華やかになります。

❶ グリンピースは40ｇの生地を２分割し、半分は丸めて5個の豆を作ります。残りの半分からサヤの部分を残して、舟形にのばし、豆を包み込みます。豆がこぼれないように、両端を押さえましょう

❷ サヤは薄くのばし、ピザカッターで切ります。全体のバランスを整えてから、水を軽くつけて、生地に貼り付けます

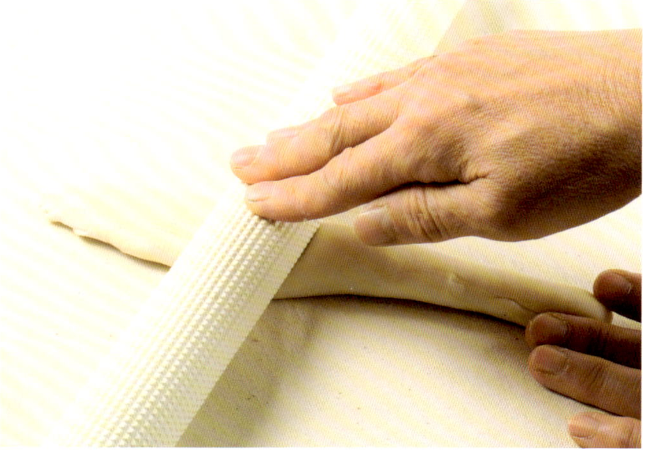

❸ 長ネギは50ｇの生地を転がしながら10〜15㎝までのばします。上になる部分、3分の1に軽くめん棒をかけます

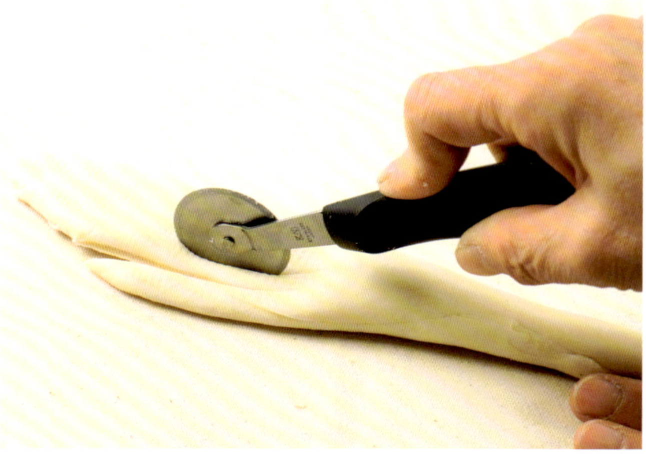

❹ ピザカッターで先端部分をカットしたあと、軽く筋目を入れて本物らしく仕上げます

見たままの形作り、色を付けましょう

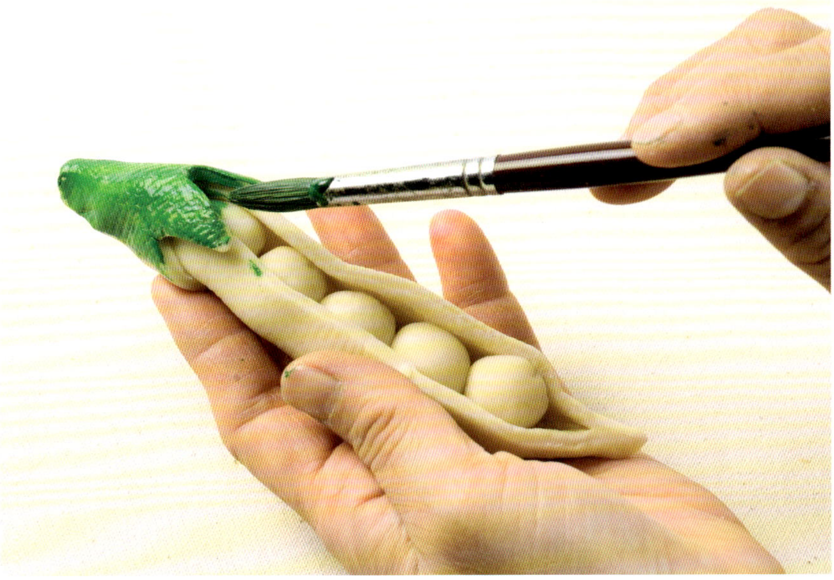

5

色づけは、水彩絵の具を野菜の色に合わせて塗ります。通常の水彩画を書くときよりも、水を少なめにすると発色がきれいになります。豆の中の方まで、丁寧に塗りましょう。色づけ後150℃のオーブンで15分焼成

6

エアブラシがあれば、それを使うのがベストです。筆で塗るよりも、細かな部分まで塗りもらしなく、均一にに塗ることができます。筆で塗ったとき同様に焼き上げます

【レシピ】

<材料>

■1回目ビーティング（手ごね）

強力粉　45%=135g
片栗粉　5%=15g
仕込水　水40%=120g
　　　　水飴10%=30g

■1回目ニーディング

強力粉　50%=150g
塩　2%=6g

■2回目ニーディング

油脂（ショートニング）
　　　　6%=18g

[風車]

風車は、格子編みの胴体部分とケーキドーム型にうろこ状に貼り付ける屋根部分。そして羽根の部分と大きく分けて3つの要素が取り入れられています。部分ごとの焼成時間を上手に利用しながら、順番に作りましょう。最後に3つを木工ボンドで取り付けます。上手に仕上げるコツは、端々の始末を丁寧にしていくこと。立てたときの安定感もチェックしましょう。

編みを含むいくつかの要素を複合させた作品です

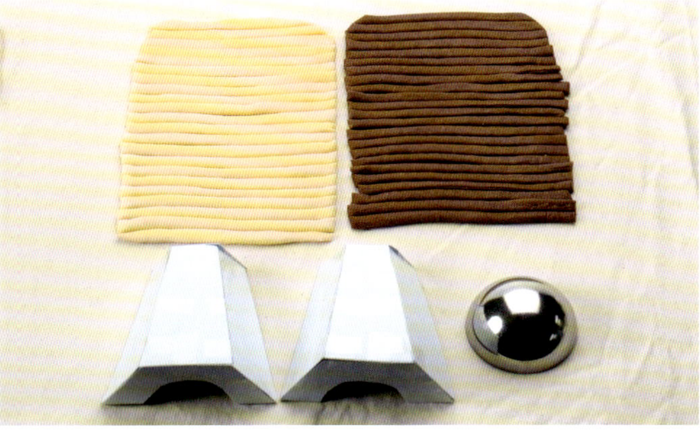

❶

6角柱の半分の型紙を組み立てておきます。白、黒ともに200ｇの生地を16㎝×23㎝にのばし、1㎝幅のひもを22本ずつ作りましょう。軽く水を塗った半分の型紙の上に、横ひもを白黒交互に置き中心から格子編みをします

❷

6角柱の前後を編んだら、残り生地から20ｇでドアをつけ200℃のオーブンで10分焼成。温かいうちに余分な部分を切り取りましょう。黒生地40ｇで2.5㎝幅、40㎝の帯を作り、継ぎ目に水をつけて前後をつなぎ合わせます

❸

ケーキドーム型にアルミホイルをかぶせショートニングを塗ります。白生地80ｇをのばし、口金の元で1㎝丸形を25枚抜き、下の方から水をつけながら貼り付けます。トップには菊型を１枚貼ります。180℃で10〜15分焼成

❹

白生地50ｇを6㎝×20㎝にのばし、5㎜のひもを12本作り、シートの上で羽根を作ります。交互にくぐらせたら軽くとめていきます。160℃で10分焼成。残りの黒生地でピケした土台を作り、180℃で10分焼成

【レシピ】

<材料>

■1回目ビーティング（手ごね）
強力粉　50%=300g
サンリッチナトゥール　6%=36g
温水　18%=108g
仕込水　水27%=162g
卵黄　2個
水飴　10%=60g

■1回目ニーディング
強力粉　50%=300g
塩　3%=18g

■2回目ニーディング
油脂（ショートニング）　10%=60g
■生地の2分の1に
カラメル　6g

ランプシェード

ここまでマスターした格子編みを応用すると、こんなにおしゃれなランプシェードが作れます。仕上げの焼成後、ボンドで油紙を貼り付けソケットをプラスしましょう。作るときの注意点は、型の上部をクルクル巻くときに、ギリギリだと下にずり落ちることがあるので、少し上に作るようにしましょう。また、下を巻くときには、安定感があるようにしましょう。

格子編みを応用して グレードの高いインテリアを！

❶ 700ｇの生地を2分の１にし、それぞれを25㎝×35㎝にのばし、1.5㎝幅の帯を23本ずつ作ります。厚紙で、本体の型をとって組み立てます。全体をアルミホイルで包みショートニングを塗っておきます

❷ 型の上に4㎝～5㎝程度残し、一つの面に4本ずつ垂らします。上の角から1.5㎝下の部分を3段、格子編みにします

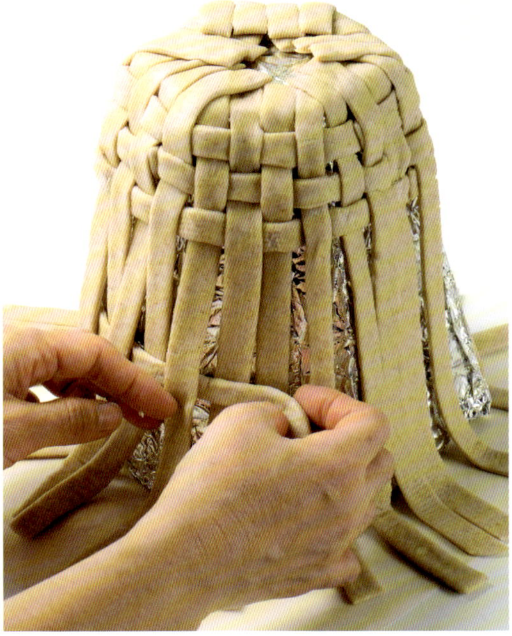

❸ 下から7㎝のあたりから4段、格子編みにします。格子編みのときに型の上の縦軸が落ちないように注意しましょう

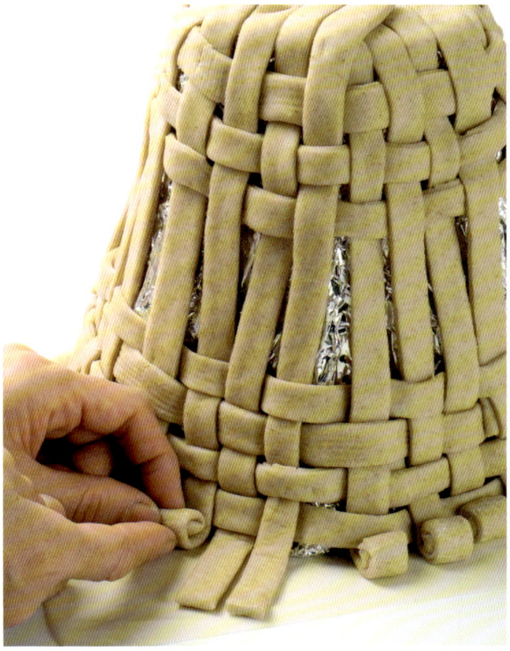

❹ 下の生地は4㎝～5㎝程度に切りそろえ、内側へ巻き込みます。型の上も同様に巻きます。残り80ｇの生地で飾りを作り貼り付けます。照卵をして180℃で20分焼き、粗熱を取ったあとで型を抜いて、180℃で10～15分焼きます

【レシピ】

＜材料＞

■1回目ビーティング（手ごね）
強力粉　50％=250g
サンリッチ酵母
5％=25g
仕込水　43％=215g

■1回目ニーディング
強力粉　30％=150g
ライ麦　20％=100g
塩　2％=10g

■2回目ニーディング
油脂（ショートニング）
6％=30g

[Part.6] 立体造形

飾りデコレーション

工芸パンというと、装飾品やインテリアの小物として作られるものが多いですが、ここでは、見て美しく、食べて美味しい、ケーキのようなデコレーションパンをマスターしましょう。

用意した材料と生地で15cmのセパタルト型が２個分できます。一つは基本どおりに、もう一つは自分なりのアレンジを加えて作ってみましょう。

白生地とココア生地を渦巻きにした模様は、いろいろなことに応用できますから、覚えておくと便利です。内側を少し小さくすることがポイントです。また、カットする前に少し冷やすときれいな断面が作れます。ココア生地を外側にして巻いてみると、また違った演出が可能になります。

フィリングは、子どもたちにも大人気の味付けですから、お誕生日のケーキのかわりや、ちょっとしたプレゼントにしても喜ばれることでしょう。

ケーキのようなデコレーションパンを作ってみましょう

❶

先にフィリングを作り冷ましておきます。100ｇの生地をラップに包み、20㎝×20㎝にのばします。15㎝のセパタルト型の中にショートニングを塗り、生地を型にピッタリと合わせましょう。そのあとフィリングを入れます

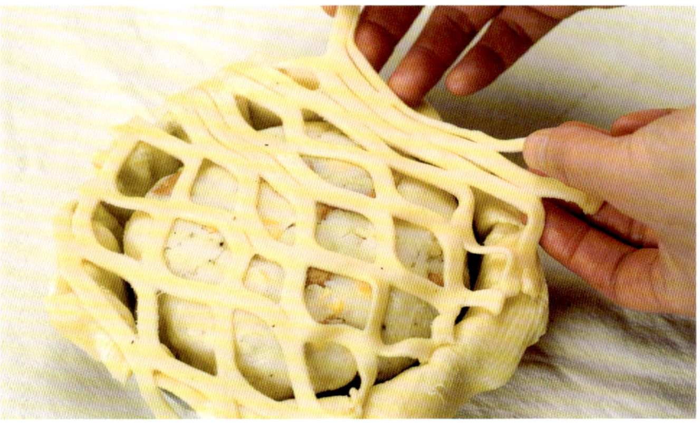

❷

50ｇの生地を10㎝×15㎝にのばし、メッシュローラーをかけ上からかぶせます。30ｇの生地を40㎝にのばし、めん棒をかけて帯状にして型のまわりにのせます。型からはみ出した生地をきれいに切り落としましょう

❸

15ｇのココア生地を9㎝×9㎝にのばし、15ｇの白生地を10㎝×10㎝にのばします。ココア生地を内側にして重ねて巻き、15㎝の棒状にのばします。それを斜めにカットして花びらを作りましょう

❹

全体のバランスを見ながら花びらをつけ、残り生地で葉やつるをつけます。照卵をして200℃のオーブンで20分焼き上げます。こんがりと焼き色がついたら完成です

【レシピ】

<材料>

■1回目ビーティング(手ごね)

薄力粉	50%=150g
モルト	0.6%=2g
仕込水	水20%=60g
	卵15%=45g

■1回目ニーディング

強力粉	50%=150g
塩	1.2%=3.6g

■2回目ニーディング

油脂(バター)	40%=120g

■30gの生地に

ココア	3g

■フィリング

ポテトフレーク	150g
牛乳	450g
ウインナー	6本
(湯通しして3㎜にカット)	
バター	60g
塩・こしょう	少々
コーン缶詰	小1缶
マヨネーズ	少々

丸かご

第4章の中で作る３個目のかごです。回を重ねるごとに技術がどんどんレベルアップしていることがわかるはずです。今回は、ねじりを加えることでアケビ細工のかごのような風合いが生まれます。焦げ茶色や葡萄色など、エアーブラシで色をつけると一層重厚な雰囲気が作り出せます。ステンレスボールのサイズを変えたり、楕円形のボールを使ったりすると、いろいろな形でのバリエーションが可能になるでしょう。

この丸かごの注意点は、底になる部分が膨らむと不安定になったり、強度が弱くなるので、ピケは細かくしっかりとしておくことです。また、編み目が詰まっていますから、しっかりとした作りになります。持ち手を頑丈につけるようにしましょう。そうすると、いろいろなものが入れられて、お部屋のアクセントになります。

ねじりを加え、風合いのあるかごに挑戦です

❶
21㎝のステンレスボールにアルミホイルをかぶせ、全体にショートニングを塗っておきます。80ｇの生地を2分割し、めん棒でのばしマフィン型で抜きます。1枚はピケして保存。もう1枚はボールの底にのせてピケします

❷
100ｇの生地を7㎝×18㎝にのばし、1㎝幅のひもを7本カットします。軽く転がし角を取り、U字型にして、ボールの底に折り曲げ部分を上にしてバランスよく置きます

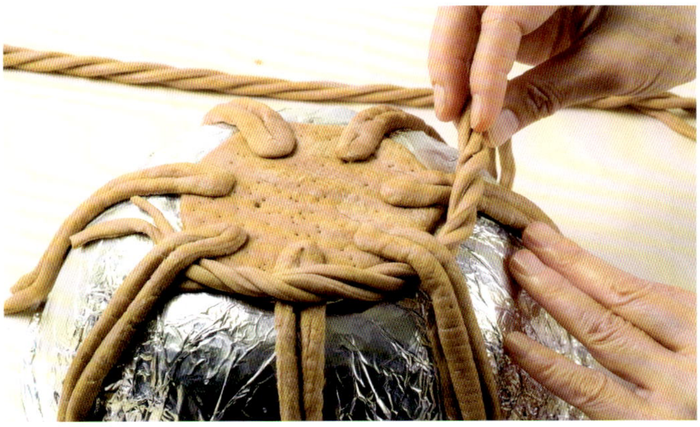

❸
530ｇの生地を30㎝×30㎝にのばし、5㎜幅で45本のひもを作り、軽く転がし角を取ります。3本をねじり1本のひもにして上下を交互に編んでいきましょう。ボールの端まで編み上がったら、とってあった底を貼ります

❹
照卵をして180℃で20分焼き、粗熱を取ったあとワイヤー＃24を残り生地でくるみ、持ち手を作りつけます。150ｇの生地を15㎝×30㎝にのばし5㎜幅のひもをねじり、縁と持ち手の根本に巻き付け、照卵をして180℃で15分、150℃で10分焼成します

【レシピ】
＜材料＞

■1回目ビーティング（手ごね）
強力粉　50%=300g
サンリッチナトゥール
　1.6%=10g
温水　5%=30g
カラメル　0.5%=3g
仕込水　45%=270g

■1回目ニーディング
強力粉　30%=180g
ライ麦粉　20%=120g
塩　2%=12g

■2回目ニーディング
油脂（ショートニング）
　6%=36g

リースのバリエーション

ここでは4本編みの方法とバラの花の作り方を学んでいきます。編み方は、ハンガリー風格子編みのときのように、パン生地で作る前に毛糸やひもなどをつかって練習してみましょう。三つ編み同様、方法をしっかりと覚えてしまうと簡単にできるものなのですが、使って慣れるまでは頭が混乱してしまいます。言葉で考えるよりも体で覚えてしまう方が早く覚えられます。編んでいるときに、どのひもも上下が交互に編み込まれているかどうかを確認しながら進めていってください。

バラの花は型抜きさえ丁寧にすれば、見た目よりもずっと簡単に作れます。型がないときは丸いグラスなどを逆さにして使うことも可能です。仕上げのときに、花びらを思い浮かべながら広げるときれいに仕上がります。バラができたら、その他のいろいろな花をよく観察して作ってみましょう。工芸パンを作る楽しさが更に増していきます。

4本編みとバラの花の作り方をマスターできます

❶

180ｇの生地を80㎝にのばしたものを4本作ります。このとき、太さと長さが4本均等になるようにしましょう。そうすることで、仕上がりに差が出てきます

❷

端から4本編みをします。4本編みは2本ずつに分け、どれもが上下交互になるよう井げたにしてスタートすると分かりやすくできます。三つ編みの要領で、4本が常に交互に交差するように編んでいきます

❸

編み上がったら丸く輪にして先端をつなげ、余分な生地を切り取ります。つなぎ目には花などを飾りつけカバーするので、見た目よりもしっかりとつなげることにポイントをおいてください

❹

残りの生地をのばして菊抜きNo.6を逆さにして25枚抜きます。5枚並べて巻き半分にカットします。切り目を花のように広げましょう。葉も10枚程度作りバランス良く飾り、10分仕上げ発酵したあと、水バケし強力粉をふって200℃で20分、150℃で10分焼成します

【レシピ】

＜材料＞

■1回目ビーティング（手ごね）

強力粉　50%=300g

サンリッチナトゥール
5%=30g

温水　15%=90g

仕込水　38.3%=230g

■1回目ニーディング

強力粉　25%=150g

ライ麦　25%=150g

塩　2%=12g

■2回目ニーディング

油脂（ショートニング）
7%=40g

Aesthetics of Bread 第4章

[Part.7] 高度なテクニック

[Part. 7]では、より難度の高い作品を作ってみましょう。これらは、工芸パン教室では師範科の教材としているものです。高度な技術と芸術的なセンスが求められますが、工芸パンを学ぶうちに、これらのものが作れるようになるという目標になることでしょう。

中でも、可愛らしい形の「めんどり」は、これまで学習した内容を総合すればチャレンジ可能です。「平目」は、蒸気注入の技術が必要になりますが、フランスパン作りなどの経験があればできるはずです。「ソルトドール」は、古代から続く象形パンの歴史に思いを馳せながら作ると良いでしょう。塩生地パンの歴史は古く、神への捧げものとして使われていました。塩を入れることで保存性を高め、低温乾燥することで堅くし、儀式などに用いられていたようです。すべての集大成の「バイオリン」が作れるようになったら、オリジナルでなんでも作れるようになるはずです。

平目

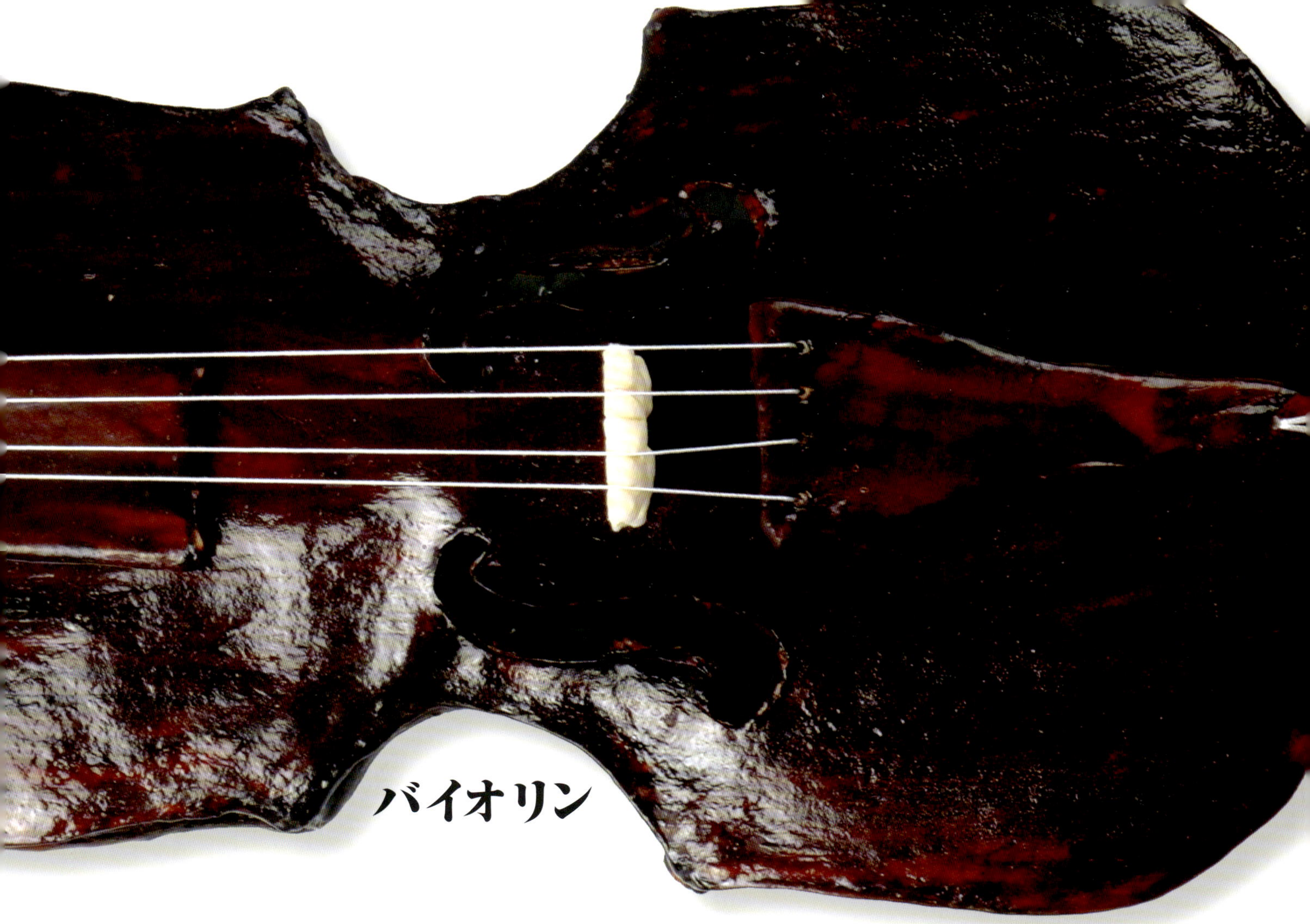

バイオリン

めんどり

ソルトドール

［めんどり］

表情が可愛いめんどりは、上下共に15㎝ステンレスボールがベースになります。重なり合う基本部分さえピッタリに揃えて作れば、頭部・顔・羽根・尾などの装飾部分は作り手におまかせです。いろいろな表情をつける方が楽しいものです。頭部は、あまり重くすると前に落ちてきますから、軽めに作りましょう。

❶ 15㎝ステンレスボールにアルミホイルをかぶせ、全体にショートニングを塗っておきます。350ｇの生地を25㎝×25㎝にのばし、1.5㎝幅の帯を作ります。ボールの中心部に帯を5本くらいのせて格子編みにします

❷ 横の部分にも帯を編み込み、余分な生地をカットして、縁をつけます。生地をつける部分には軽く水をつけておきましょう

全体のバランスが最大のポイントです

❸

縁の部分には、残った生地で渦巻き模様を6個程度バランス良く飾り付けます。180℃のオーブンで15〜20分焼き、下の部分は完成です

❹

250 gの生地を25㎝×25㎝にのばし、アルミホイルをかぶせて全体にショートニングを塗った15㎝ステンレスボールに、かぶせます。生地全体が膨らまないように丁寧にピケをします

❺

アルミホイルをかぶせ頭部と羽根を作り、のばした生地をかぶせで形を作ります。貼り付け部分に水をつけて胴体に接着します。1.5㎝の口金と1㎝の口金で丸を型抜きし、筋目をつけたあと頭部のまわりに水で貼ります

❻

残り生地で、顔や尾をつけましょう。40㎝くらいのひもを2本伸ばし、ねじって縁につけます。180℃のオーブンで15〜20分焼き、先に作っておいた下の部分と重ねます

【レシピ】

<材料>

■1回目ビーティング(手ごね)

強力粉	300g
セモリナ粉	200g
仕込水(同量シロップ)	
水	175g
砂糖	175g

[平　目]

　愛嬌のある平目では、型紙を作ることと、蒸気注入をマスターします。難しいものに挑戦していくときには、イメージするものを部品に分け、型紙を作っておくと生地の乾燥を防ぐことができます。蒸気注入は、蒸気を入れてから20秒そのままにし、扉を開けたままのオーブンで10～15分放置します。冷めてから130℃のオーブンで5分ずつを4～5回繰り返しましょう。

型紙を組み立てることと、蒸気注入にチャレンジ

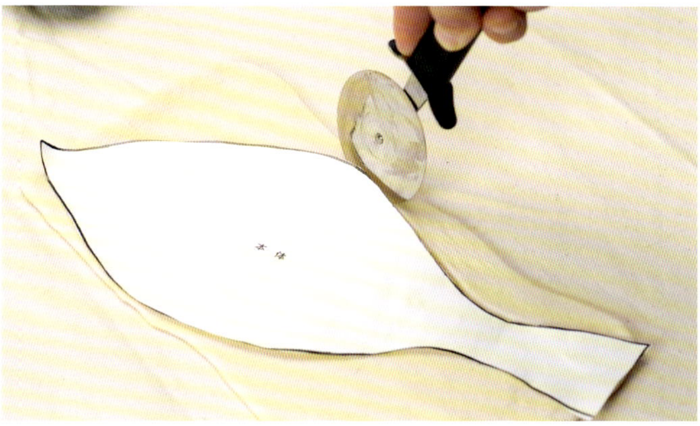

❶

平目本体になる型紙を作ります。130ｇの生地をのばし、ピザカッターで型紙に合わせてカットします

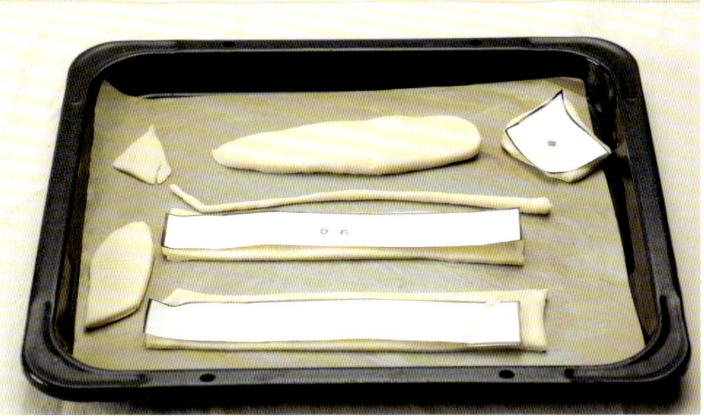

❷

腹の部分を膨らませるベースは50ｇ。縁側は30ｇで2本。顔は20ｇ。ヒレ5ｇ。側線4ｇ。そして目は適宜と、すべての部品を作ります

❸

クッキングシートの上でそれぞれの部品を組み合わせ、縁側や尾にスケッパーで筋目をつけます。本体は、軽くキャンバスで押すと布目がつき、ウロコのような表情がつきます

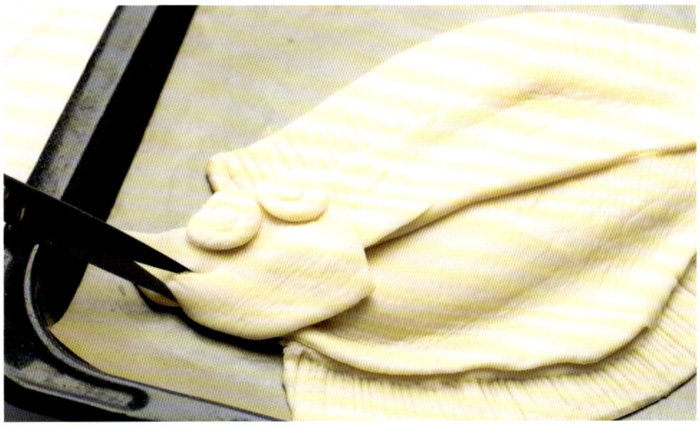

❹

口金で型抜きした目には、一回り小さな口金で丸の型だけをつけます。ハサミで口をカットして完成。蒸気注入をした後、エッグウォッシュをして130～140℃のオーブンで20分焼き上げます

【レシピ】

＜材料＞

■1回目ビーティング（手ごね）

中力粉	150g
砂糖	30g
サンリッチナトゥール	10g
温水	30g
仕込水	165g

■1回目ニーディング

中力粉	150g
塩	6g

［ソルトドール］

塩生地の扱いと焼き方を学びます。塩を大量に入れることで害虫なども付きにくくなり、長い間保存することが可能になります。また、粘土のように扱いやすくなるので作業効率も良くなります。低温で長時間乾燥させることで堅く、しっかりとした作品に仕上がります。焼いても白い状態のままなのが塩生地の特徴です。必要に応じて薄く色を付けても良いでしょう。

塩生地の扱いと焼き方を学びます

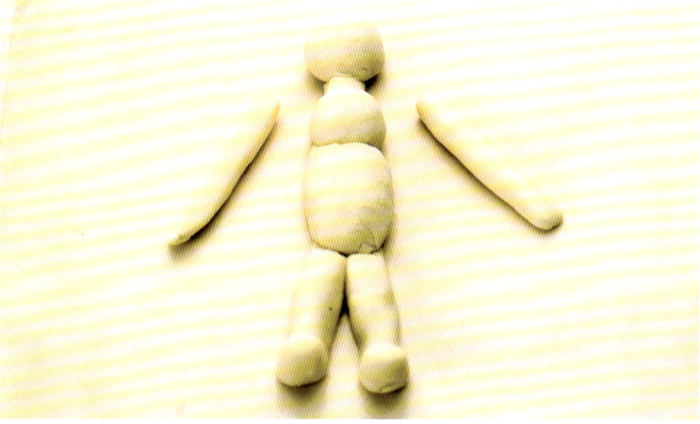

❶
クッキングシートの上に、土台となる人形の体を置きます。この時にしっかりとバランスを考えて作りましょう

❷
薄くのばした生地にピザカッターで筋目をつけ、ズボンの形にカットします

❸
洋服は細かなドレープを寄せたあとで、下半身から上半身にむかって着せていくように貼り付けていきます。次々と付けていくときには、忘れずに軽く水を付けましょう

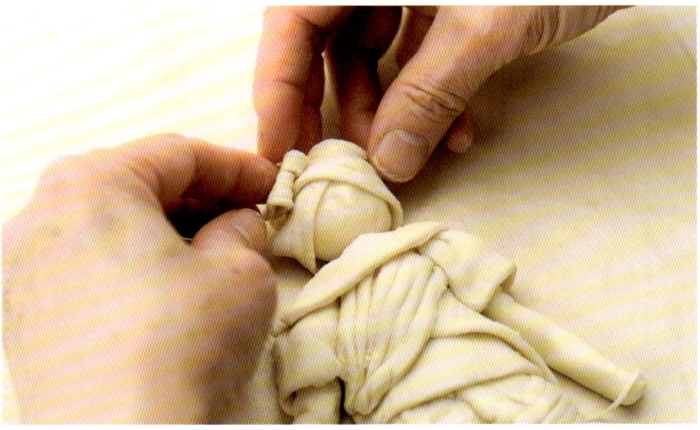

❹
頭にはターバンを巻き、顔の表情を形作ります。細かいところの作業は、竹串などを使うと便利です

【レシピ】
<材料>
■1回目ビーティング(手ごね)

薄力粉	300g
塩	80g
仕込水	160g

[バイオリン]

バイオリンは、細かな部品がたくさんあります。型紙をホームメイド協会で購入し、厚紙で立体的に組み立てる必要があります。バイオリン本体のふっくらとしたカーブなども本物のように組み立てていきましょう。型紙がしっかりと作れると、生地もきれいに貼り付けられます。工芸パンの総仕上げですから、一つ一つの作業に細心の注意をはらって取り組みましょう。

いよいよ工芸パンの総仕上げです

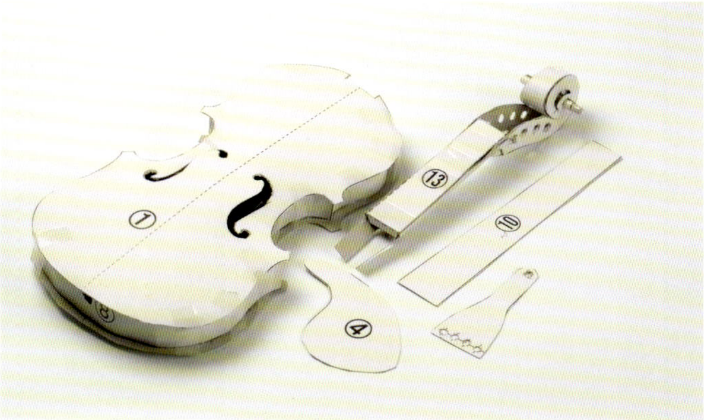

❶

型紙を切り立体的に組み立てます。バイオリンの型紙は、ホームメイド協会で購入することができます

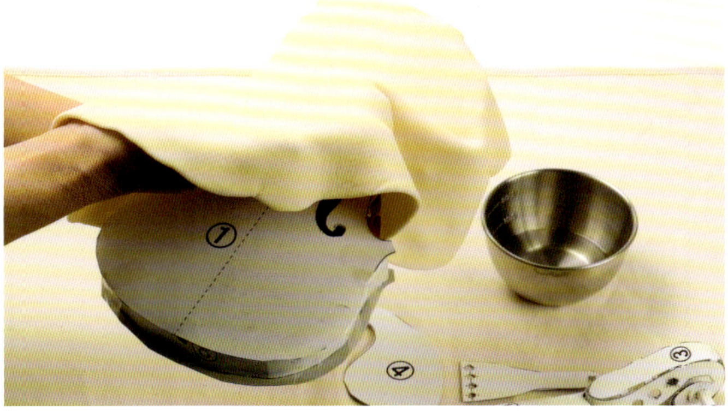

❷

室温で30～40分ねかせておいた生地を薄くのばします。型紙に水を塗り型紙にピッタリになるようにかぶせます

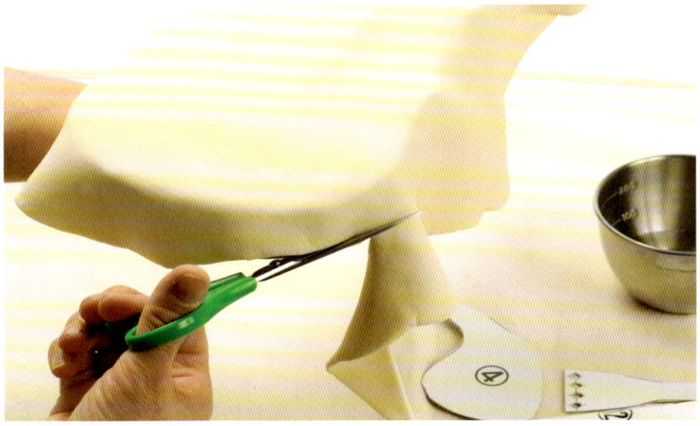

❸

余分な生地はハサミなどでカットします。この方法で、すべてのパーツに生地を貼り付けてから蒸気注入をします。20秒程度おいて、手で触れられるようになってから、オーブンから出して室温で乾燥させます

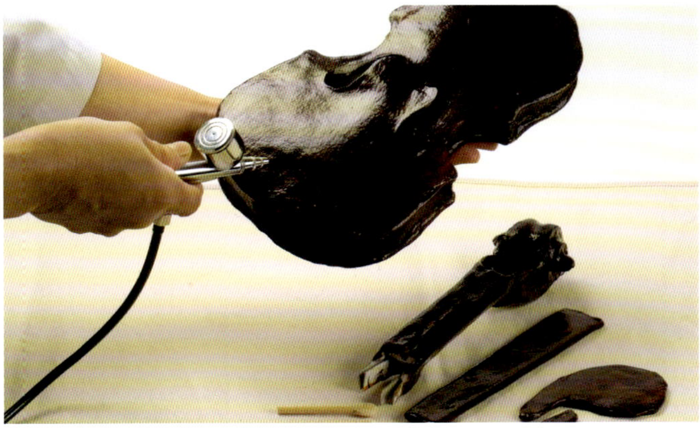

❹

すべての部品をある程度まで組み立ててから、エアブラシで着色します。エアブラシをする際は、絵の具が飛びますから汚れには注意してください

【レシピ】

<材料>

■1回目ビーティング（手ごね）

薄力粉	300g
塩	38g
油脂（ショートニング）	15g
仕込水	150g

[Part.8] 技術を支えるグッズ

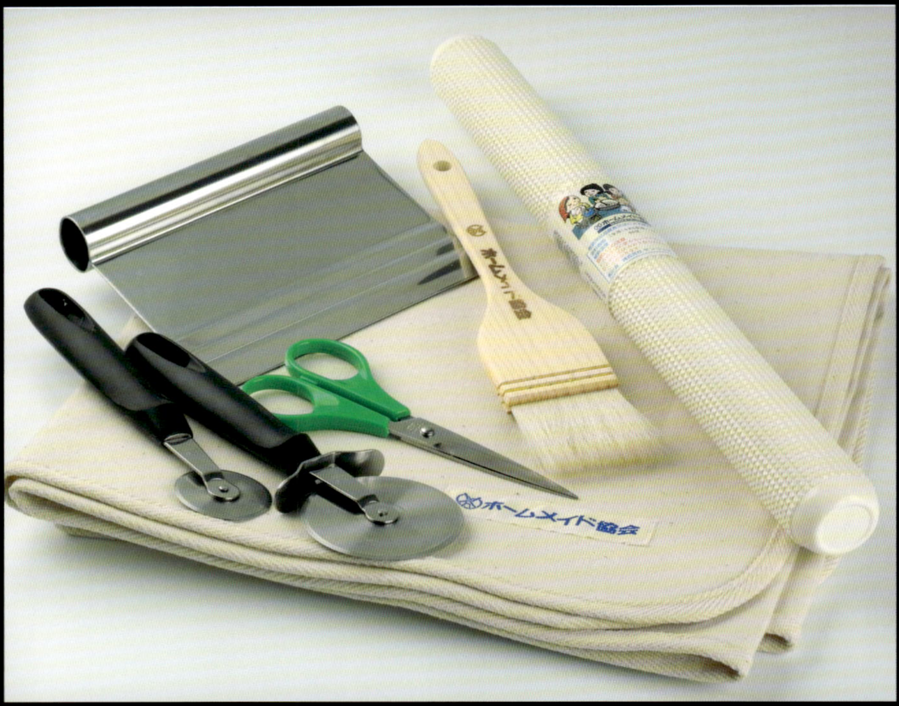

ホームメイド協会　オリジナルグッズ

アルミホイル

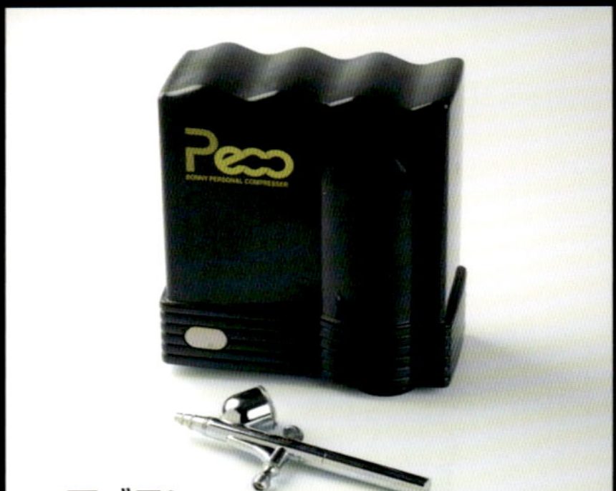

エアブラシ

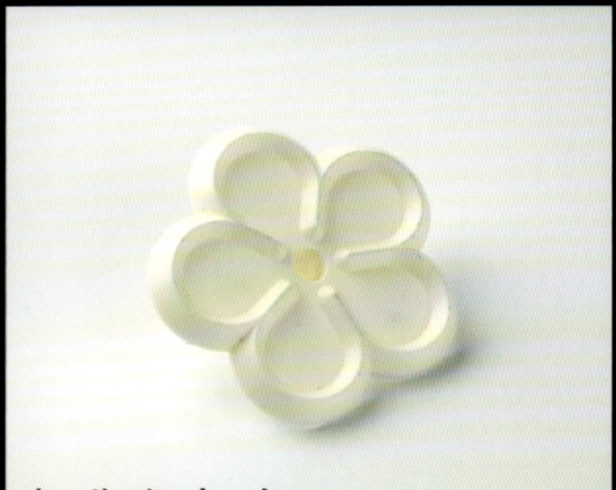

オールインカッター

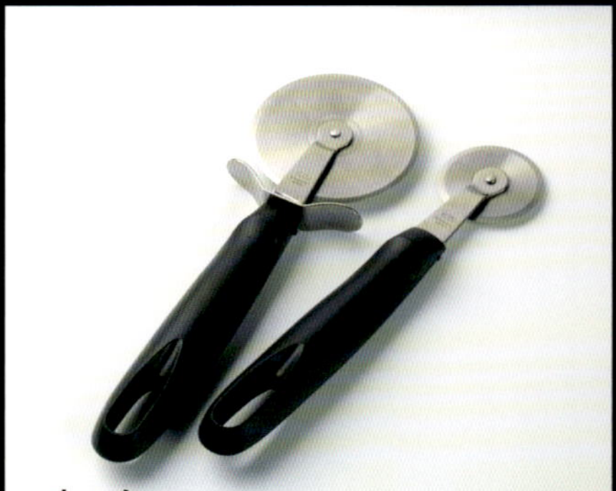

カッター

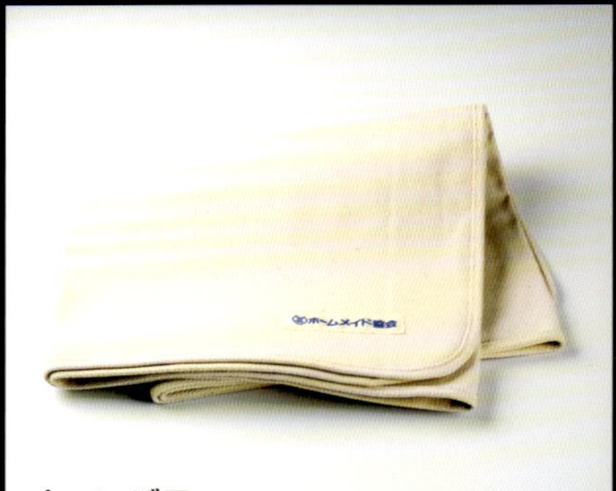

キャンバス

口金

スケッパー

刷毛

工芸パンにチャレンジするためには、パン作りの道具だけでも十分対応はできます。しかし、どんどんと高度なテクニックを学ぶうちに、いろいろなグッズが必要になってきますから、少しずつ買い揃えていきましょう。

例えば、抜き型は、大量の花びらなどを作るときに、便利で大活躍します。でも、少しのときには、一つひとつ手作りするのもまた、工芸パンならではの楽しみといえます。用途に合わせた使い分けをしていきましょう。

はさみ

バーナー

ブランジャーカッター

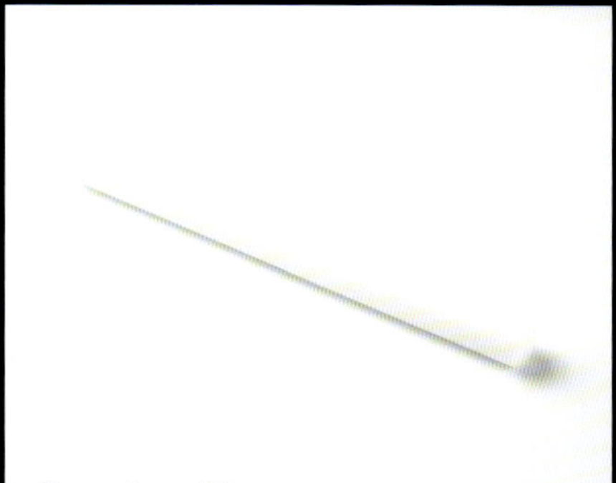

ブレッチェン棒

ボール

ボンド

メッシュローラー

麺棒

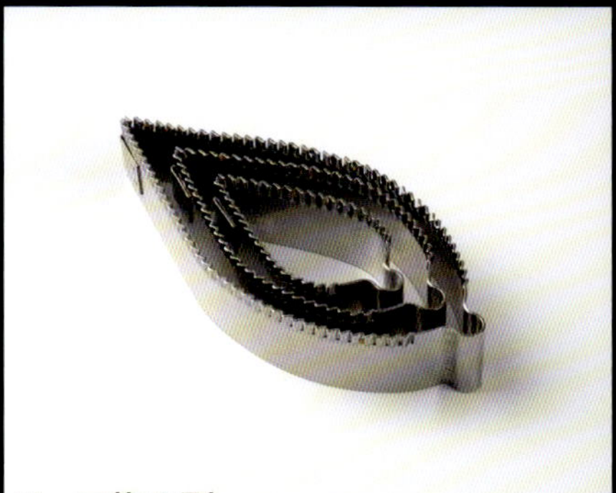

リーフ抜き型

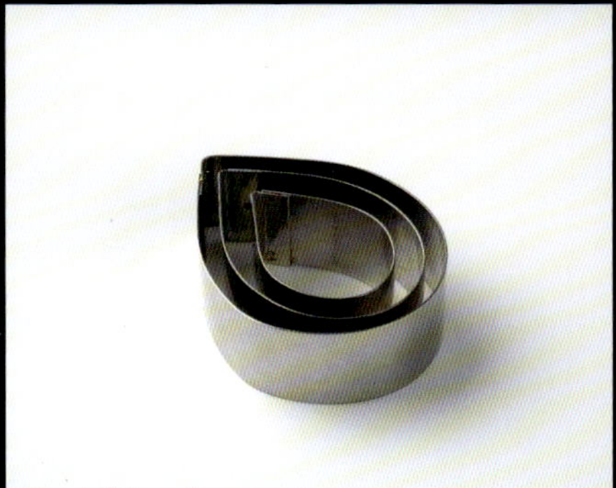

ローズカッター

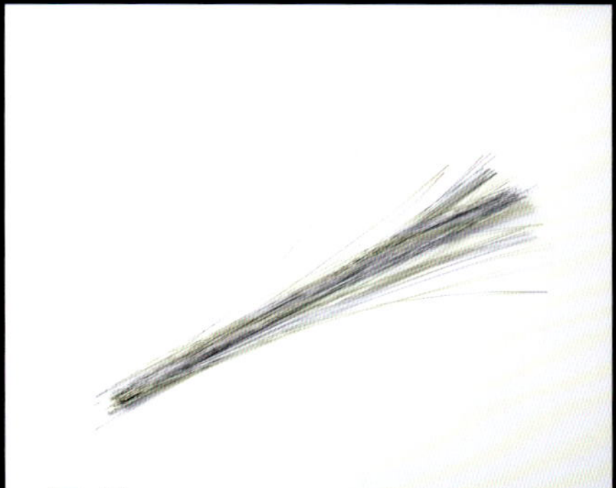

ワイヤー

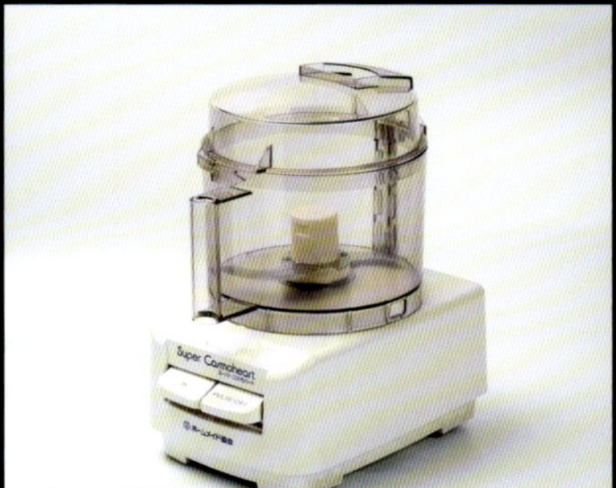

ミニコスモ

工芸パンに合う素材

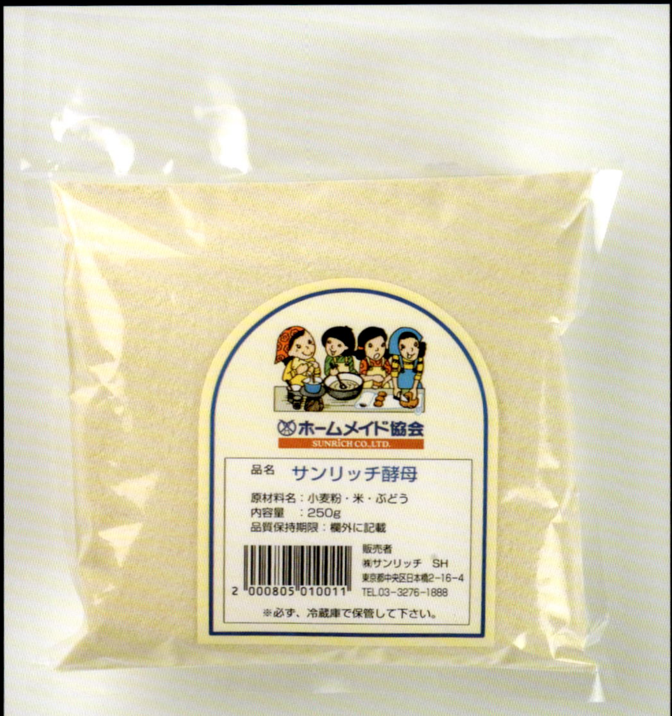

サンリッチ酵母

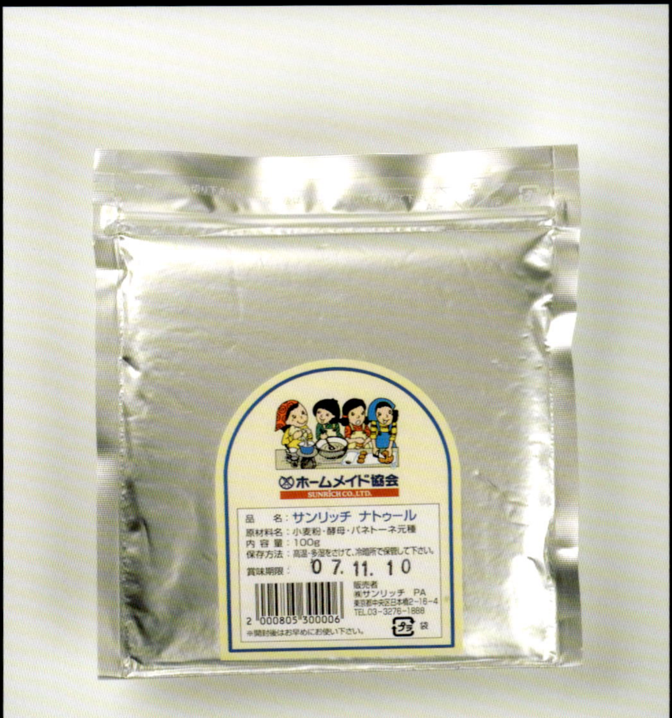

サンリッチナトゥール

強力全粒粉春よ恋

北海道産ライ麦石臼挽き

工芸用とはいえ、天然酵母で手間暇かけて作るパンですから、小麦にもこだわりたいものです。「その土地でとれたものを、その土地で食す」ことが、食の原点ですから、国産小麦に限ります。中でも、風味豊かな小麦が育まれる北海道産。食の安全性を確保するため、契約の製粉工場で丹念に作った良質の小麦粉を用います。２種類の天然酵母は、初心者でも失敗なく発酵が進むように調整されていますから、用途に合わせ使い分けましょう。

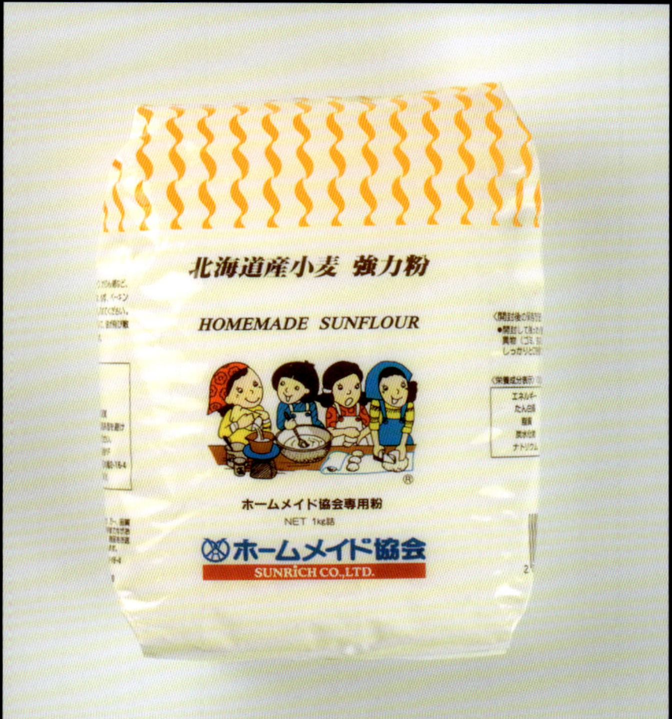

国産小麦　強力粉

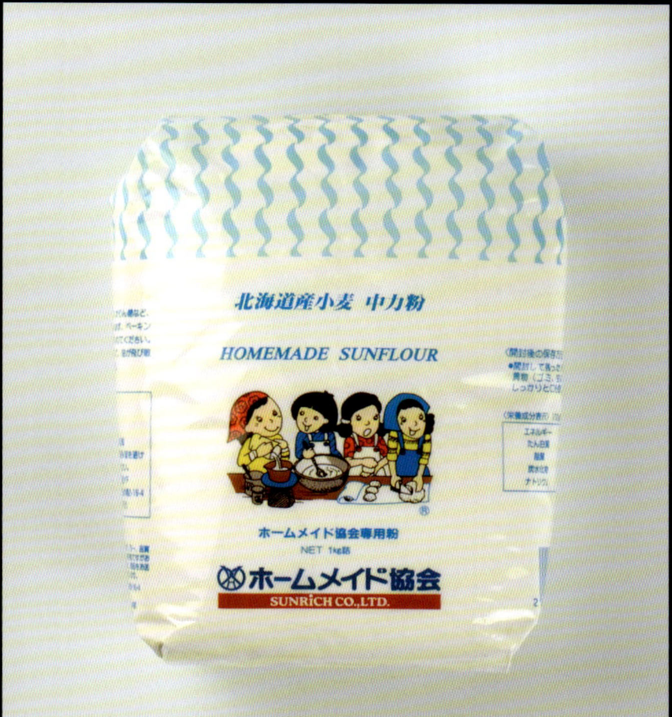

国産小麦　中力粉

国産小麦　薄力粉

サンリッチ油脂

Aesthetics

[第5章]

作品集

精霊

いろりばた

古城

さくらとつくしんぼ

ピクニック

秋の味覚とかご

サンタクロースがやってくる

ドアプレート

ウェルカムボード"ハッピーウエディング"

ウェルカムボード"森のコンサート"

of Bread

～工芸パンの世界は、芸術へと広がります～

５章では、教室で指導されている先生方の作品を紹介します。どれも「これがパン？」と思う芸術品ばかりです。工芸パンの創意工夫は無限大ですから、基本を学び終えてからのほうが、楽しさが増すといわれます。日常の生活の中で、美しいとか、作ってみたいと思ったものなどに挑戦していきましょう。

ウェルカムボード"サンリッチ工房"

壁掛けの女の子

ふくろうの楊子入れ

虫かご

鳥かご

複葉機

牧場

チューリップ

盆栽と台

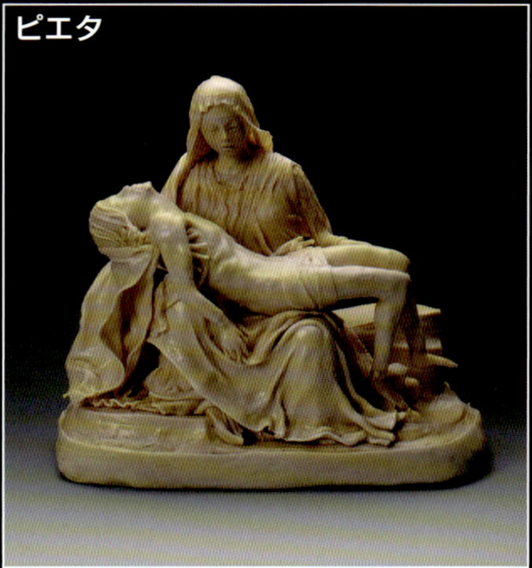
ピエタ

精霊

田村修司

ヨーロッパなどでは、キリストの降誕の際の馬小屋の様子や、東方の三博士が礼拝に訪れた情景を模型（プレゼピオ）として飾っています。そのプレゼピオのようなものをイメージしながら、百合の精霊（ニンフ）を製作しました。

この作品を作るにあたって、自分の中に思い描いたテーマは、第一番目にメルヘンのストーリー性を持たせ、ジオラマのようにメインのオブジェと、その周辺や背景までも表現することでした。

第二番目には、自然の食べられる植物から色素を抽出して着色するということです。例えば、百合の葉の部分はヨモギでその緑を出しました。チェロはコーヒーです。色に深みが出るようにと、ダークチェリーやブルーベリーの煮汁なども使っています。これらの色素は、約2日間で退色してしまうので、鮮明なままに発色させる方法などは、また工夫していきたいと考えています。

精霊の女性らしい柔和な表情を作り上げました。唇の色は、すぐりの煮汁を使い、植物の持つ自然な色合いをつけています

チェロの音に誘われて、百合の精霊が現れるというストーリーをイメージしながら作成しました。楽器の細部までこだわっています

いろりばた

秋山千文　鈴木恵子　小林ミヱ子

幼い頃に見た光景を思い出しながら、伝統的な日本の佇《たたずま》まいをイメージして作りあげました。どんな時にも家族を暖かく迎えてくれた囲炉裏を中心に置き、まわりにはおじいさんとおばあさん、そして自在鍵や五徳などの小物を配してみました。囲炉裏端でくつろぐ猫が、名脇役として一層ほのぼのとした雰囲気を演出してくれているようです。

全ての土台となっている板の間は、茶色い板を何枚も作り、つなぎ合わせました。まるで、大工さんの作業と同じです。木目の持ち味を出すために、筋目と釘穴もしっかり付けてあります。鉄鍋や五徳、自在鍵などは、できる限り本物に近づけるようにしました。囲炉裏で炙《あぶ》っているきりたんぽはバーナーで焼き目をつけたり、南部鉄瓶は小さな粒を全て貼り付けてから黒く色つけをしてあります。囲炉裏の灰には、その質感を活かすために小麦粉を使いました。「坊や～よい子だネンネしな～」というテーマソングが聞こえてきそう…と思っていただけると大成功です。

おじいさんとおばあさんを製作するにあたり、どんなポーズが良いかと悩みました。おばあさんはすぐに決まったのですが、おじいさんは、胡座《あぐら》にしようか、どうしようかと考えました。結果立て膝にしたことで、おじいさんらしさが表現できたと思います。また、お年寄りらしい柔和な表情が出せたことも上出来と思っています。手の表情や、足の様子を作るときには、何度も何度も自分の手足を見ながら微調整しました

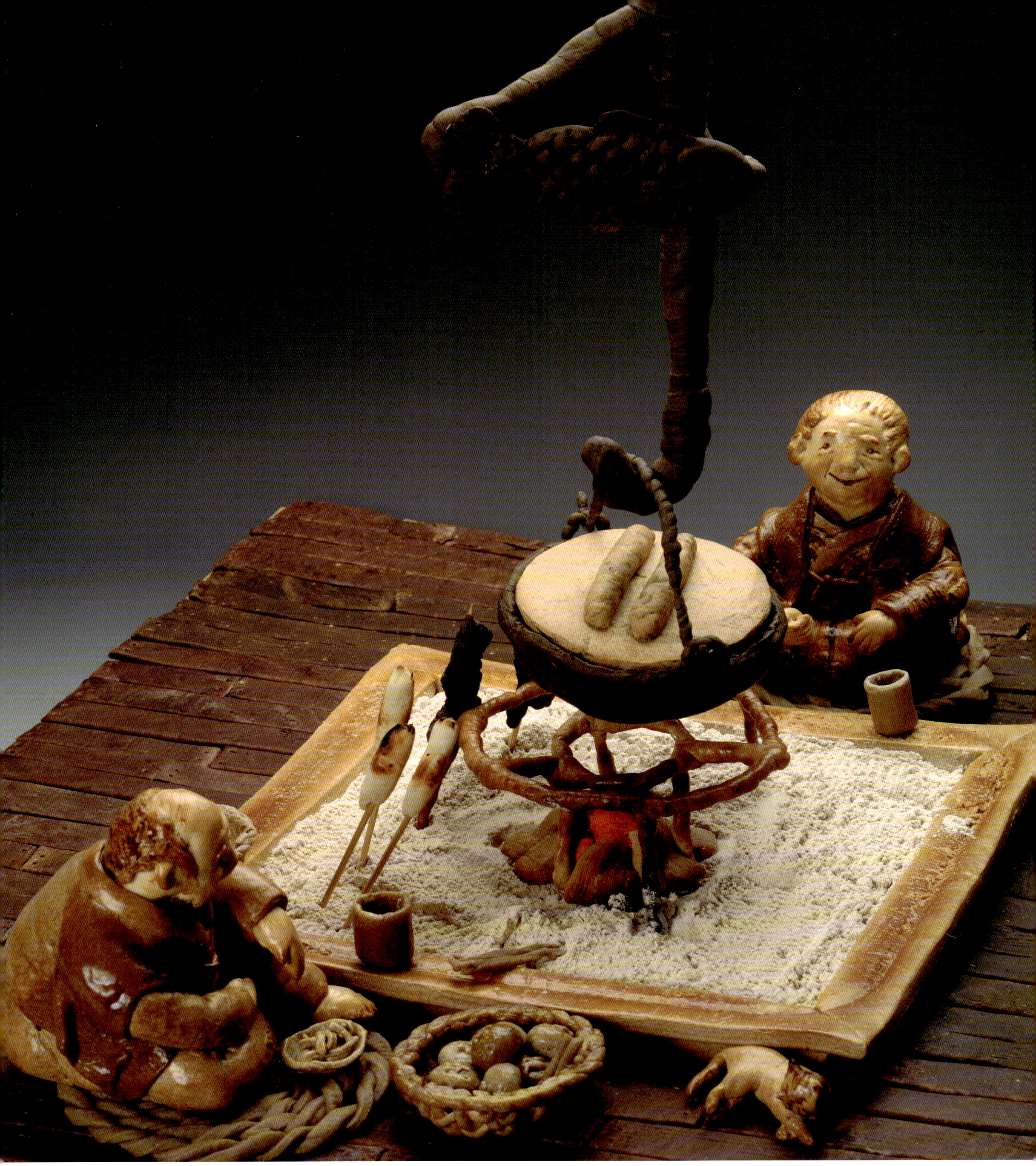
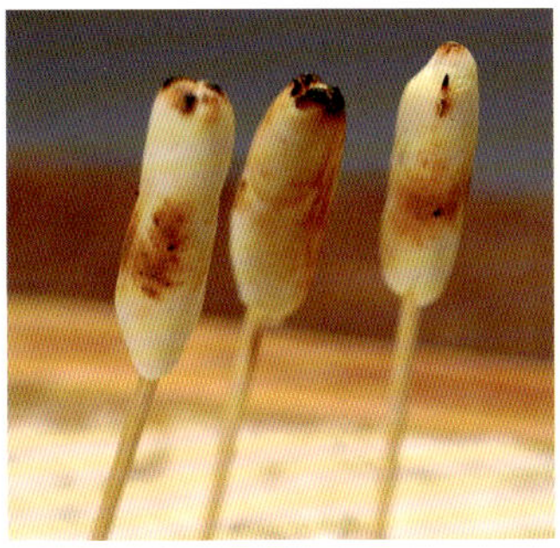
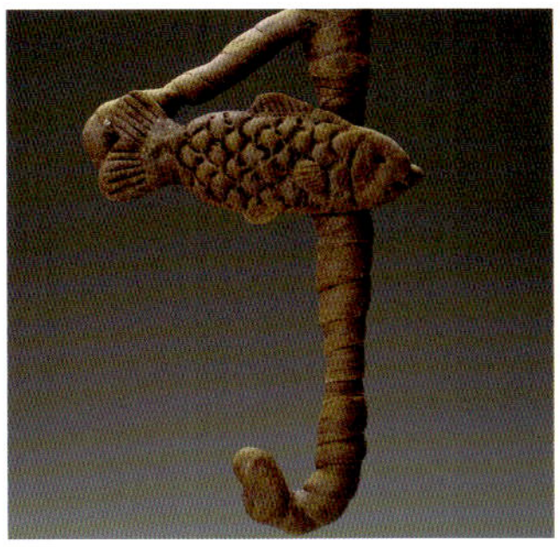

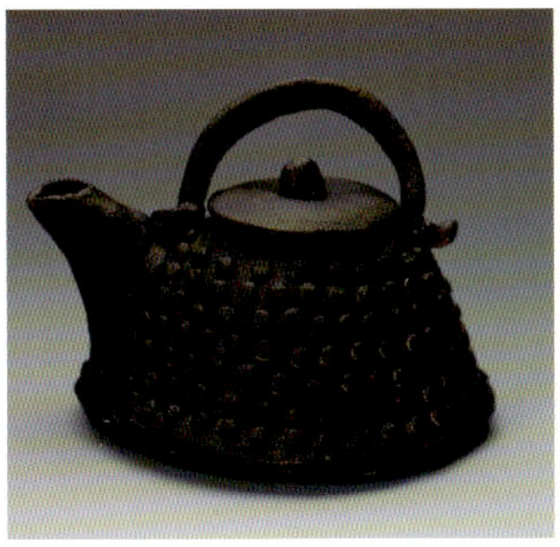

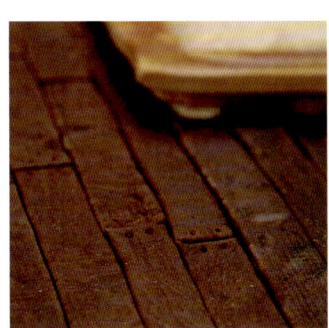

古城

内海美知子　松本佳織　小林ミヱ子

雄大で華やかなお城ではなく、川の畔《あぜ》に楚々《そそ》と建つ静かな佇まいのお城を作ってみたいと思い製作しました。土台にはしっかりと焼き色を付け、お城との色合いにコントラストをつけました。お城本体には、あえて焼き色を付けず、パンで作ったという雰囲気を感じさせないようにしてみました。作製にあたり、人が住んでいるお城という生活感を出したかったので、庭に手入れの行き届いたバラのアーチや白馬をプラスし、窓も少し開けてみました。「どんな人が住んでいるのだろう」と空想しながら見ていただけると、一層作品に拡がりが出ると思います。

想像以上に大変だった作業は、外壁のブロックを等間隔に張り付けるということでした。またお城全体に蔦《つた》を張り巡らせるときに、失敗は許されないので、緊張の一瞬でした。お城全体は右側にボリュームがあるので、蔦は右上から左下へ配し、全体のバランスがとても良くできました。

焼き色を付けなかったことで、シックなお城に蔦のグリーンの濃淡がしっかりと浮き上がるように表現することができました

庭に放牧されている白馬が、のんびりと遊ぶ様子を表現したいと思い、馬の表情と動きを作り出すのに苦労しました

さくらとつくしんぼ

スタッフ共同作品

桜の木の木膚《きはだ》感を出すため、生地にはほうじ茶を混ぜてあります。また、ベースとなる芯の部分に生地を付けていくときには、焼成時に膨らみが出ないように工夫をしました。桜の花は、枝自体が大きなものですから、花びらをたくさん作らなくてはいけません。花びらの表情も、大きく花開いたものや蕾《つぼみ》のものを作りました。その表情を付けた花は、枝に付ける前の準備段階から華やかでした。それを、枝振りに合わせながら何輪かずつを一束にまとめ、枝に付けていきます。付ける作業をしているときに、生地が乾燥して散っていく桜の花びらが出てくるのですが、それもまたきれいなものだったのが印象的でした。桜の下に群生する土筆も相当な数を作らなくてはいけませんから、多くのスタッフの手を借り協力していただきました。多くの方に作っていただくことにより、土筆《つくし》にもいろいろな表情が出て、なおさら自然に近い雰囲気を出すことができました。

乾燥時間を長くして、軽いひび割れを作ったことで、一層桜らしい枝になりました。花びらには大小のサイズを組み合わせています

土筆の先端には、ケシの実をつけて質感を演出します。いろいろなパンを粉状にして、地面の土のかわりに散りばめています

ピクニック

秋山千文　室岡智代子　井上幸子
山本よし子　山田明子　加藤美弥子

バスケットの中にサンドイッチとローストチキン、ブドウとワインを詰め込んで、家族みんなで楽しみにしていたハイキング。そんな夏の日の光景を思い描きながら、打ち寄せる波の音や木々を渡る涼やかな風と一緒に、美味しそうな香りまでも感じさせる作品を作ってみたいと考えました。バスケットの中身の食材は、大きさ、バランス、色、形など、全体の統一感とリアリティを追求しました。特に、必要以上にふくらみが出ないように、生地の扱いには気を遣いました。身近にある食材を製作してみることで、資料や見本を細かく観察し、それをより本物に近づけて作製する難しさをあらためて実感しました。

楽しい食事のあとは、空っぽのバスケットに楽しい思い出をたくさん詰め込んで帰宅した、夏の楽しい一日を、ご覧になった方々なりに思い出していただけると、スタッフ一同大満足です。

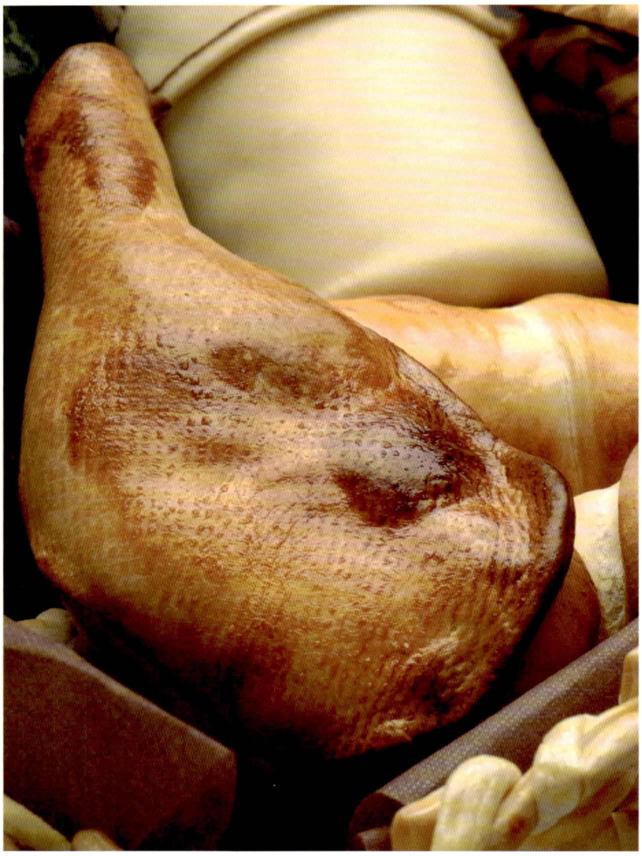

鶏の皮目と質感、微妙な焼きムラを表現した色が、本物のローストチキンと間違うほど「そっくり！」と大評判になった作品です

バスケットは、あえて編み目の太さを不揃いにして、クラシックな手編みの風合いと温かみを感じさせるように工夫してあります

Château Latou
1959

秋の味覚とかご

大村光子　石川悦子
原木けい子　新田直子

どこのご家庭にも、部屋の中を見回すと必ず一つは籐やアケビ、竹などで編んだかごがあると思います。今回は、自分だけのオリジナルで、長く使えるかごを、パンで作ろうと思いスタートしました。

最初は繊細なイメージで作り始めましたが、時間の経過と共にS字の接着部分が外れてしまいます。それならばと、1本1本を太くしてみると、丈夫になると同時に和風の趣を出すことができました。重厚感があるので果物や和菓子などを入れても素敵で、使い勝手の良い作品に仕上がりました。いろいろと作りながら試行錯誤を重ねるのも、工芸パンの楽しみの一つです。

かごの中のいろいろな秋の味覚を作るにあたっては、かごとの彩りを考慮して、同一の生地で、より本物に近づけることを目標に作りました。椎茸やドングリは茶色と白の生地で2色にしました。着色しなかったことで、より自然に近い温かみが出せたように思っています。

重厚感のあるかごには、側面にS字の細かな細工が施されています。持ち手の補強も、クロスさせるとおしゃれに見えます

可愛らしいイガ栗の細いイガは、そうめんを使っています。工夫次第で、どんどんと作る楽しさが広がるのも工芸パンの良さです

サンタクロースがやってくる

広瀬由美　緒方順子
佐藤清美　菅原恵美
村上奈津子

冬といえば銀世界。子どもたちのウキウキ・ワクワクという夢に応えて走り出すサンタクロースを作りました。何といっても大きなソリに乗るサンタクロースがメインですから、髪の毛やヒゲの1本1本までも念入りに作りました。そろそろ寒さが堪えるお年頃というおじいさんの雰囲気が出せるようにと、少しなで肩で前かがみにしてあります。ソリの上にはたくさんのプレゼントボックスやリースを飾り付け、華やかな演出です。

トナカイは、図鑑や資料を見ながらの製作となりましたが、なかなかその表情を出すのは難しいものでした。スタッフがそれぞれに作ったものを持ち寄ったので、表情もまちまち。それが功を奏して個性豊かな雰囲気になりました。クリスマスツリーや雪だるま、プレゼントなどは、初心者の方でも簡単に作れますから、ぜひクリスマスには、チャレンジしてみてください。

サンタクロースの髪の毛やヒゲもパン生地で作りました。プレゼントのラッピングも、より本物に近づけています

トナカイを作るのに一番大変だったのは「角」でした。作るスタッフによって表情が異なるのも、個性が出ていて楽しいものです

ドアプレート

松本香織　小林ミヱ子

ホテルでベッドメイキングやクリーンサービスをお断りするときの「Don't Disturb（起こさないでください）」のプレートをパンで作ってみました。作るにあたっては、何かストーリー性を持たせたいと考え、ネズミを狙う猫にしました。それほど大きな作品ではありませんが、可愛らしく仕上がったと思います。

白生地とココアで着色した生地の２色を用意して、レンガらしく表面に軽く筋目をつけてから、同じサイズにカットします。この作業を丁寧にしておかないと、あとで雑に見えますから要注意です。あまり重いイメージにならないように、バランスを取りながら均等に張り付けるのは、結構大変な作業でした。ネズミを書いた張り紙は、縁に型押しをした後、少しのばして柔らかな変化をつけたので、蔦とのバランスも取りやすく、好印象になったと思います。

「Don't Disturb」の文字の横にはネズミを描きました。貼り紙らしくするために柔らかなドレープをつけてあります

「虎視眈々」というよりも「猫（？）視眈々」という表情でネズミを狙っています。でもどことなく愛らしく仕上がりました

Don't
Disturb

ウェルカムボード
“ハッピーウェディング”

小林ミヱ子

　ウェルカムボードは、いろいろな用途に使えます。ウェディングはもちろんのこと、少し手を加えて写真立ての部分をつけたり、思い出の品を飾る額にも変化させることができます。基本をしっかりとマスターして、色とりどりのバラの花を飾ると、こんなに華やかなボードにもなります。結婚のお祝いやお誕生日などにプレゼントすると、とても喜ばれますから、ぜひチャレンジしてみてください。

　バラは、生地に濃いピンクと薄いピンクの色素を混ぜた2色を用意しました。そして、最初に、花開いたものや蕾のものなどをたくさん作って準備しておきます。花びらは少し技術がいりますが、薄目にのばした方が繊細で美しく仕上がります。何度か練習をしていくうちに上達していきます。バラは少し多めかな？　と思うくらい用意した方が、豪華な雰囲気に仕上がるものです。葉も同様に、大小織り交ぜながらたくさん用意しましょう。あとはバランスよく配置しましょう。

バラは花びらを少し薄めにのばした方が繊細で美しく仕上がります。何度も練習すると、誰でも上手に作れるようになります

葉の部分は上から着色しました。塗るときには、緑の濃淡を調整しながら塗ると、より一層立体感を出すことができます

ハッピー
ウェディング

ウェルカムボード
“森のコンサート”

井上幸子

ウェルカムボードの応用編です。実りの秋を喜んだ動物たちが、森でコンサートを開催しているイメージで作りました。生地は、秋の雰囲気を出すために、少し濃くなるように工夫してあります。主役は、木の実が大好きなリス。大きな木の切り株の上に立ち、右手には指揮棒、左手にはしっかりと木の実を握りしめています。コンサート会場で楽しそうに聞き入っているゲストはウサギです。

ボードの縁には、ねじった数本のひもでボリュームをつけたあと、秋らしさを演出するために、たくさんのミックスナッツを振りました。ナッツをつける場合は、乾燥すると落ちやすくなるので、たっぷりと多めにつけておく方がおすすめです。

リスの部分をピアノなどの楽器に変えて作って、発表会に花束と一緒にプレゼントしたり、校歌などのオリジナルの楽譜を入れて卒業記念などに贈ると喜ばれると思います。

コンサート会場で切り株に乗ってタクトを振るのは可愛いリスです。反対の手には楽譜ではなく木の実を握りしめています

縁には、森のコンサートにふさわしく、松の実やカボチャの種、アーモンドスライスなどミックスナッツを振りかけました

森のコンサート会場

ウェルカムボード

“サンリッチ工房”

井上幸子

これも、お店の看板のように作ったウェルカムボードの応用です。立体的につけたかごには、ふくらみを持たせて、いろいろなものを入れられるようにしました。「サンリッチ工房」の名前にふさわしく、麦の穂といろいろな形のパンを作り飾り付けました。こんな看板を出したら、あっという間に千客万来間違いなしです。縁の部分はシンプルに仕上げました。四隅にはプレートを掛けるときのひも通しの穴とアクセントをかねて、最初から穴を開けておきました。

かごに入れるものを、野菜やフルーツ、ケーキやお花などにアレンジすると、また違った表情を作り出せます。アイデアは作り手の数だけあるのが、工芸パンの醍醐味といえます。文字を彫るときは、フリーハンドで彫っていくのも個性が出せますが、看板などにする場合は、パソコンで出した文字を型紙として貼り付けて彫るのも良いと思います。

立体的なかごを作り、その中に好きなパンをたくさん入れてみました。季節によってはフルーツなどに変えることも可能です

パソコンで大きくプリントアウトした文字の型紙を作り、貼り付けてから、それに添ってカッティングしてみました

サンリッチ工房

壁掛けの女の子

室岡智代子

白生地で作った人形は、どのように飾ろうか悩んでしまうものです。バックに編みの土台をつけることで壁に掛けられるようにしました。ひと手間をプラスすることで、可愛いインテリアになります。

土台は、チョコレートの色素を生地に入れたので、きれいな焦げ茶色を出すことができました。格子編みのまわりに三つ編みを回しつけたことで、人形との統一感が出たように思います。

背景となる土台とのコントラストをくっきりとさせるために、人形は白生地だけで作りました。人形の髪の毛には細かい筋目をつけてから三つ編みにしたので、可愛らしさが際立ったようです。人形の洋服にはギャザーを寄せてふんわりとしたふくらみを持たせたことで、より立体感が演出でき、可愛らしい少女が作れました。手に持ったバスケットにも編みをプラスし、小さなパンを入れました。可愛い靴や小枝の鳥など、細かな細工を考えるのも楽しい時間です。

2色使いのシックな壁掛けなので、可愛らしい女の子の表情を心がけました。髪の毛は筋をつけてから三つ編みをするとリアルです

木の枝には小鳥をつけたり、手提げのバスケットにはパンを入れたり、小さな部分にも細工を施すと、見た目にも楽しめます

ふくろうの楊子入れ

内海美知子

作品として作るのに楽しく、毎日の生活で身近に使えるものを作りたいと考えました。お茶目な表情が可愛らしいフクロウは、顔の部分を外すと楊子入れになっています。１本だけくわえさせておくと、すぐに使えてとても便利です。

生地は、白と茶と焦げ茶の3色。型で丸く抜いてから、筋目をつけた後、楊子が入っているプラスチックケースにバランスよく張り付けていくので、見た目よりもずっと簡単に作れるものです。

森の賢者とも呼ばれるフクロウは、その音から「不苦労」に通じる縁起物ともいわれます。プレゼントなどに使っても喜ばれると思います。

この楊子入れの手法は、フクロウの他にも、いろいろな動物でチャレンジできるはずです。狸やパンダなどいろいろと作って、動物園にするのも楽しいですね。

目と眉毛の部分がとても可愛らしい表情にできました。丸く型抜きした目にも、軽く筋目をつけたのが功を奏したようです

顔と胴体を外すと、中には楊子が入っています。少なくなったら、いつでも補充可能。テーブルの可愛いアクセントになります

虫かご

田村修司

この虫かごは、これまでの工芸パンでは為し得なかった「細さ」と「薄さ」への挑戦という気持ちで作りました。繊細なものを、立体的に表現するためには、この技術をしっかりと習得したかったのです。一見すると竹ひごのように見えるパンは、1本2㎜程度にカットしました。それを曲げて編んでいく作業は、細心の注意と集中力を要しました。しかし、この技術を発展させて完成したのが、あとのページでご紹介する「複葉機」なのです。

虫かごの中には、バッタとカマキリ、そして草が入っています。バッタもカマキリも、図鑑などを参考にしながら、ほぼ本物に近い形で作り上げました。胴体にも細かな筋目を入れたのですが、唯一、触覚だけはあまりの細さにつけることができず、非常に残念でした。いろいろなものを製作していくと、次への課題が浮き彫りになっていくので、この挑戦には終わりがありません。

細く切ったパン生地を竹ひごのように編んでいきます。1本の太さは2㎜程度です。この虫かごの技術が複葉機へとつながりました

カマキリも本物と同じように製作しました。触覚まで作りたかったのですが、あまりの細さに断念してしまったのが心残りです

鳥かご

室岡智代子

鳥かごとオウムに挑戦しました。鳥かごは、生地を竹ひごのように細くカットするので、とても扱いが大変でした。細くのばしている瞬間から乾燥してくるのです。そのため、とても慎重に扱わないと、途中で折れてしまいます。折れないように細心の注意を払いながら、格子に編む作業は、自分の勉強にもなったと思います。今にも話を始めそうなカラフルなオウムは、丸く型を抜いた目が印象的に可愛らしく仕上がりました。これから作ってみようと思われる方は、オウムはかごを完成させてからでは入れられなくなりますから、鳥かごの底の部分を作った段階で入れておくことをお忘れなく。

成形が完成して、焼成作業のときにも、時間を見ながら何度もチェックしました。ひもは細くなればなるほど難しくなります。鳥かごの間隔も、均等に成形したつもりでしたが、焼いていくうちに少しゆがんでしまったのは残念でした。次に作るときのポイントは掴めました。

入口の部分は、曲げた部分に編みをつけたので、慎重に作業を進めました。細い作業のときには乾燥は要注意です

カラフルに塗ったオウムには、パッチリとした可愛い目をつけて表情を出しました。嘴《くちばし》のカーブがとても上手にできました

複葉機

田村修司

前のページで紹介した虫かごは約2㎜にカットしたパンで作ったのですが、そこまでできるならと、極限の「細さ」にチャレンジしたくなりました。そこで製作したのがこの複葉機です。複葉機で使った最も細い部品は、約0.2㎜にカットしました。どのくらい細いかというと、シャープペンシルの芯程度でしょうか。ピンセットでつまんでも折れてしまうほどです。

この複葉機の製作には、まず設計図と模型が必要でした。正確なバランスが保たれないと、2枚の翼を支えきれないからです。そして、同じサイズに作ったつもりでも、パンの性質からしてまったくのコピーはあり得ません。そこで、たくさんのパーツを作り、それを組み立てていったのです。

これまでのものは、歴史の成り立ちからいっても、粘土のように人や動物の形に焼き上げるものが大半でした。しかし、今後は細部にまでこだわった立体造形にしていきたいと考えています。

エンジンもプロペラも全てがパンでできています。全ての部品を作り上げてから、プラモデルのように組み立てていきます

パンという性質上、まったく同じものを焼き上げるというのは、至難の技でした。しかし、難しいからこそ楽しくなっていくのです

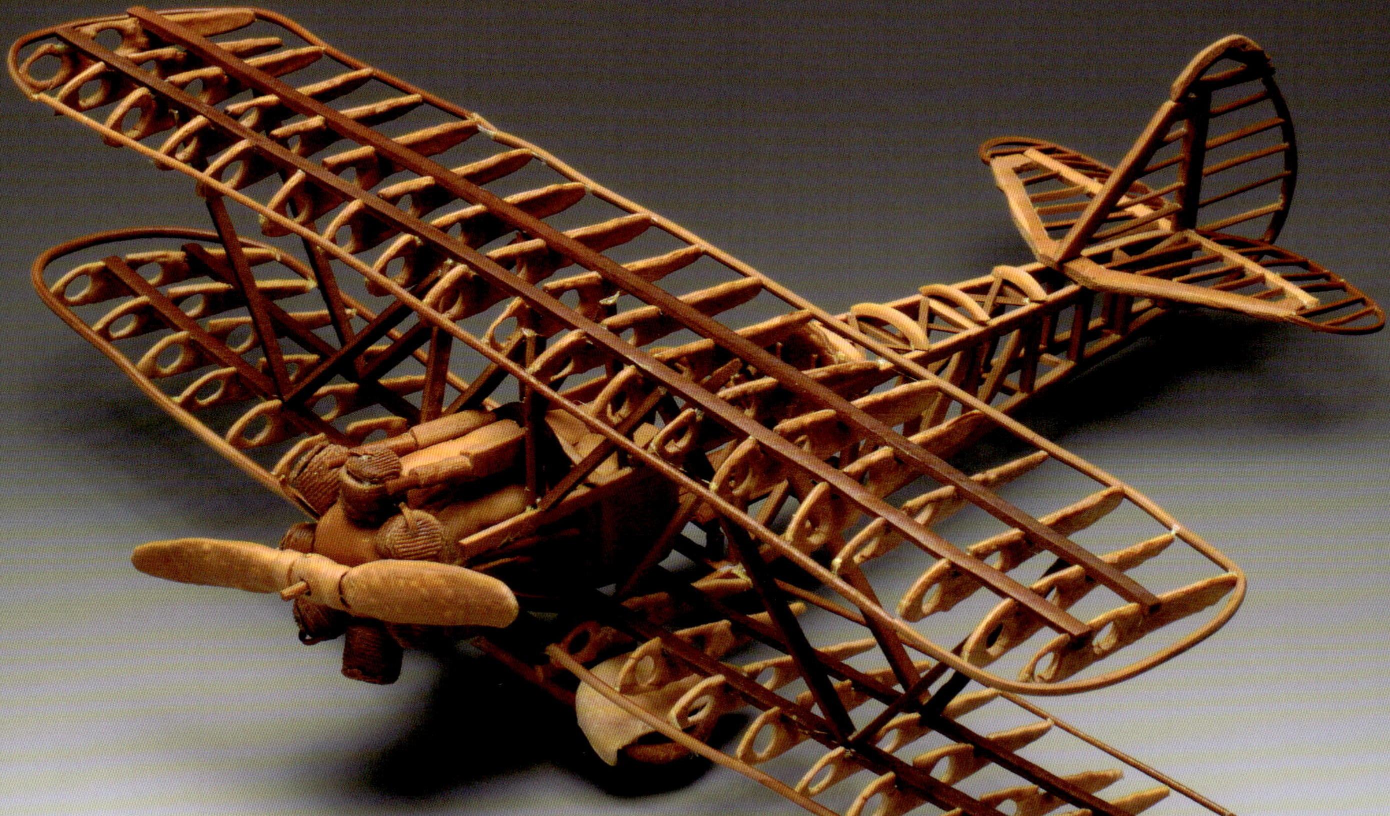

牧場

井上幸子　内海美知子　小林ミヱ子

のどかな牧場の風景をパンで表現してみたいと思い、製作しました。まず、動物は牛と羊。ホルスタインの牛はたっぷりと牛乳が搾《しぼ》れるように、お乳もリアルに作ってみたら、大好評でした。可愛い羊には、フワフワの毛のかわりに白いパン粉をつけました。動物たちのサイズに合わせて牧舎やサイロなども作っていくうちに、餌箱や緑の葉のエサなど、いろいろとイメージが広がっていきました。作る前にあれこれと考えているよりも、作り始めるとどんどんアイデアが浮かんでくるのが工芸パンの楽しさでもあります。最後に、全体のサイズを考えながら柵を作りました。柵の杭も自然な雰囲気を出したいと思い、あえてアトランダムな形で作ったのですが、それがとても牧場の風景にマッチしたと思います。敷地の土のように全体を覆った土台は、いろいろなパン粉を混ぜて作りました。茶色とベージュの濃淡がより一層全体の雰囲気を盛り上げてくれるような気がしています。

柵の入口には「ふらわー牧場」という看板もつけました。柵は本物の丸太らしく少しカーブをつけて作ってあります

牛はお乳もリアルに作りました。美味しい牛乳も期待できそうです。羊は、体にパン粉をつけてフワフワの毛の雰囲気を出しました

チューリップ

内海美知子

1年中可愛らしいお花に囲まれて暮らせたら、心が豊かになれそう…という思いから、フラワーポットを作りました。いろいろなお花がある中で、ウキウキとした「春」を感じさせるチューリップにしました。近頃は、ガーデニングがブームになり、チューリップの新種もたくさん出回っていますが、それでもやっぱり、小さい頃から慣れ親しんだ赤いチューリップにしました。生地に入れた赤の色素がとても鮮明に発色し、緑の葉とのコントラストも鮮やかに作りあげることができました。

植木鉢は、今流行のテラコッタ風に作りました。うっすらと地模様をつけたことで、一層おしゃれなフラワーポットになりました。1つだけ飾っても可憐なお部屋のアクセントになりますが、何個か作って窓辺に並べると、ヨーロッパの住宅のような雰囲気が出せそうです。インテリアの小物や贈り物としても喜ばれそうなものが作れました。

チューリップはもう少しで花が開きそうという蕾のときが一番きれいだと思います。その瞬間を作り出せたらと思いました

最近はおしゃれなフラワーポットが増えてきました。テラコッタを使ったポットのように模様を入れたら一層引き立ちました

盆栽と台

小林ミヱ子　内海美知子

日本古来の文化である盆栽と西欧文化の象徴であるパンとの組み合わせが、意外な感じがしたので、挑戦したいと始めました。幹を斜めに作るのはとても大変でした。また、バランスを保つことが非常に難しいということを実感しました。松の葉をたくさん準備したのですが、なかなかたくさんつけられず苦労しました。本当の盆栽も、最高の枝振りにするには長い月日がかかるのと同様、盆栽を作り上げるのももう少し研究を要します。土や幹についた苔《こけ》などはそれなりの風情を出せたと思います。

三角と丸で組み合わせた台座は、シンプルに見えて芸術性の高い作品となりました。パンという性質上、まったく同じものはできません。机上で計算していても、焼き加減で差が出てしまうのです。三角形のバランスが保てないと、一周できなくなったり、台をのせたときにまっすぐにならないのですが、今回は、その心配もなく良い状態で仕上がり、趣のある逸品となりました。

幹の筋目は、松らしく見せるように工夫を凝らしました。松の葉はボリュームをつけるのに大変苦労しました

土や苔、ふきのとうなどは、細部にわたって本物らしくできました。台は雰囲気を出すためにわざと焦がしてあります

ピエタ

田村修司

モデルは、ミケランジェロが製作したサン・ピエトロ大聖堂のピエタです。パンを使って人間の肉体をどこまで表現できるのか、神聖かつ厳粛なもの、そしてその精神世界までをいかに表現できるのかと考えながら製作しました。世界的にも有名なピエタですが、どの資料の写真も正面からしか撮影されていません。立体なのでどこから見ても自然なものを作りたいと思い、まず模型を作り、横や後ろは想像しながら、全体とのバランスをみて調整しました。ごく僅かな違いでも、見たときの雰囲気が大きく変化することがわかりました。また、今回の製作過程では20回程度蒸気をかけました。もっと血管や筋の部分まで表現したかったのですが、何度も蒸気をかけるうちに、少しずつ変化をしていきます。更に研究を重ねて、合理的な蒸気注入によって、もっと緻密なものを作りたいと考えています。今後も大理石では表現できない「白い芸術品」をパンで作っていけたらと思っています。

十字架から降ろされたキリストの亡骸を抱く聖母マリアの悲しみを表現したいと考えました。ミケランジェロも同じ気持ちだったと思います

本物の大理石では決して出せない、波打つようなドレープは、工芸パンならではの技術です。今後も「風」を表現したいと考えています

ホームメイド協会のごあんない

愛情こめてパンづくり

一人でも多くの人と手づくりの喜びを分かち合いたいと、35年前にささやかなスタートをしたホームメイド協会は、手づくりのパンを焼き上げたときの感動が人から人に伝わり、次第にたくさんの方の支持を得て、今では全国の教室に年間２万人以上の新しい生徒さんを迎える手づくり総合教室となりました。

パンづくり、お菓子づくり、料理などの食の手づくり文化は、たくさんの人の知恵と工夫とたゆまぬ努力に支えられてきました。その手づくりの技術を学び、身につけ、手づくりに込められたいっぱいの愛情をご家族に注いでください。そんなホームメイド協会の充実の13講座をご紹介します。「食の安全と健康」、本物の味を追求する私たちの輪に貴女もぜひご参加ください。

各種お問い合わせは、ホームメイド協会　本社　☎03-3276-1888（代）まで
ホームページ　http://www.homemade.co.jp

パンコース　免許状

ホームメイド協会のパンづくりは、短時間でおいしいパンが焼ける独自の製法。パンづくりの知恵がいっぱい詰まっています。楽しみながら自然と身につくステップアップ方式で、初心者から本格的に始めたい人まで無理なく学べます。

- ●パンⅠ　おいしいパンを焼くポイントはよい生地づくり、まずは基本となる手ごねをマスターします。
- ●パンⅡ　贈り物やおやつにも喜ばれるパンを作りながら、手づくりの楽しさを覚えます。
- ●パンⅢ　基本ができたら、いろいろな素材と合わせてバリエーションを広げます。
- ●パンⅣ　パンづくりの楽しさを味わったら、さらに高度な技術と知識を身につけて本格的なパンに挑戦します。
- ●パン師範科　当協会の製法・技術を正しく理解していただくため、パンづくりを科学的理論に基づいて勉強します。

天然酵母パンコース　免許状

天然酵母を使ったパンづくりが、本格的に習えるようになりました。大型のパンはもちろん、ふっくらソフトなパンまで、今までの天然酵母パンのイメージを覆すようなバラエティに富んだパンづくりが習える魅力のコースです。

- ●天然酵母Ⅰ　天然酵母のおこし方や手ごねなど、パンづくりの基礎を覚えます。
- ●天然酵母Ⅱ　基礎を生かして、クロワッサンやブリオッシュなど、バリエーションを増やします。
- ●天然酵母Ⅲ　いろいろな素材を使って、本格的なパンづくりにチャレンジします。
- ●天然酵母Ⅳ　酵母の種類も増え、製法技術も複雑に。さらに高度なパンを作ります。
- ●天然酵母師範科　天然酵母を科学的理論に基づいて勉強します。

ケーキコース　免許状

素材や道具の知識、基本の技術…基礎をしっかり学べば、ケーキの出来映えは違ってきます。楽しみながら学んで、初心者でも本格的なフランス菓子が作れるようになります。

- ●ケーキⅠ　まずは失敗しないケーキづくりで、手づくりの楽しさを覚えます。
- ●ケーキⅡ　素材の持ち味を生かす、ケーキづくりを学びます。
- ●ケーキⅢ　ケーキづくりのおもしろさがわかってきたら、ステップアップしてバリエーションを広げます。
- ●ケーキⅣ　これまでに学んだことをふまえて、さらに技術アップを目指します。
- ●ケーキ師範科　高度な技術と知識を身につけるため、製菓理論に基づいて勉強します。

和菓子コース　免許状

繊細な和菓子の製法だけでなく、季節感や伝統、歴史などとともに、奥の深い和菓子の世界を学びます。

- ●和菓子Ⅰ　素材や道具の扱い方など和菓子づくりの基本を勉強します。
- ●和菓子Ⅱ　なじみの深い和菓子を作りながら、さらに技術を高めます。
- ●和菓子Ⅲ　本格的な上生菓子の製法に挑戦して、ねりきり、打ち菓子などを学びます。
- ●和菓子Ⅳ　さらに専門的な技術を習得して、和菓子の美の世界を追究します。
- ●和菓子師範科　和菓子の由来や伝統などを学び、勉強の集大成として卒業制作をします。

シュガークラフトコース　免許状

砂糖のペーストを使って繊細な美の世界を表現するシュガークラフト。初めての方も作品を作りながら、高度な技術を身につけることができます。

- ●シュガークラフトⅠ　シュガーペーストなど基本となる材料の扱い方を学びます。
- ●シュガークラフトⅡ　細かな作品に挑戦しながら技術を磨きます。
- ●シュガークラフトⅢ　素材に工夫を加えてバリエーションを広げていきます。
- ●シュガークラフトⅣ　じっくりと作品に取り組みながら高度なテクニックを習得します。
- ●シュガークラフト師範科　講義を織りまぜながら技術や知識を深め、大作を作ります。

ホームクッキングコース　免許状

おいしいのはもちろん、栄養バランスやカロリーのことも自然に身につく、自信のカリキュラム。料理をトータルに学べるコースです。

- ●ホームクッキングⅠ　まずはご飯の炊き方からスタート。調理と栄養学の基礎を学びます。
- ●ホームクッキングⅡ　素材を生かす調理法と乳製品、卵、魚、肉のメニューを学びます。
- ●ホームクッキングⅢ　和洋中のバリエーションを広げ、野菜と主食について学びます。
- ●ホームクッキングⅣ　ごちそうメニューに挑戦。骨粗しょう症や生活習慣病について学びます
- ●ホームクッキング師範科　調理理論を具体的に学びます。家庭料理技術検定への道が開けます。

ベジタブル&フルーツ カービングコース　免許状

野菜やくだものを美しく飾り切りして、テーブルに華を添えるタイの伝統的テーブルデコレーション。本格的に学べる日本唯一のコースです。

- ●カービングⅠ　カットの基本技術を学びます。
- ●カービングⅡ　細かな麦穂や稲穂をカットして技術を磨きます。
- ●カービングⅢ　カットはさらに繊細に、作品もより大きくなります。
- ●カービングⅣ　素材のバリエーションを増やしながら、技術を高めます。
- ●カービング師範科　カービングの総合的な知識と完成を身につけます。

工芸パンコース　免許状

パン生地を使い創造力と技術を駆使して、オリジナリティあふれる作品を作る工芸パン。色づけや材料を工夫し、保存のきく作品も作ります。

- ●工芸パンⅠ　基本の編み方を学びながら、工芸パンの楽しさを体験します。
- ●工芸パンⅡ　細工技術のバリエーションを増やしていきます。
- ●工芸パンⅢ　作品にあった生地づくりと色づけの方法を学びます。
- ●工芸パンⅣ　立体的な造形にチャレンジ。工芸パンの世界を広げます。
- ●工芸パン師範科　芸術性の高い高度なテクニックと知識を取り入れた作品を作ります。

フラワーデザインコース　免許状

花の表情、雰囲気を最大限に引き出すフラワーデザインを基礎からしっかりマスターします。
(欠席される場合は必ず1週間前までにご連絡ください。
それ以降は授業の振り替えができません。花材のみ、お渡しします。)

- ●フラワーデザインⅠ　コサージュ、アレンジメントの基礎をしっかり学びます。
- ●フラワーデザインⅡ　少しずつ大きな作品に挑戦しながら、技術を習得していきます。
- ●フラワーデザインⅢ　フラワーデザインの総合的な知識と感性を身につけます。
- ●フラワーデザインⅣ　花材の種類を広げ、応用力を身につけます。ブライダルブーケにも挑戦。
- ●フラワーデザイン師範科　魅力的な作品構成や、フリースタイルの組み合わせなどを学びます。

パスタコース　認定証

- ●パスタⅠ　手打ち麺のコツと、基本的なパスタソースの作り方を学びます。
- ●パスタⅡ　イタリアンパスタのバリエーションを増やし、ラーメンやそばなどにも挑戦します。
- ●パスタⅢ　パスタのおもてなし料理や、アイデアクッキングを楽しみます。

チョコレート菓子コース　認定証

- ●チョコレート菓子Ⅰ　チョコレートの基本、テンパリングの練習を進めます。
- ●チョコレート菓子Ⅱ　ボンボン・オ・ショコラのセンターを変えてバリエーションを楽しみます。
- ●チョコレート菓子Ⅲ　代表的なチョコレート菓子や装飾、工芸菓子に挑戦します。

ハートフル ラッピングコース　認定証

- ●ラッピングⅠ　基本の折り方やさまざまな形に合わせたラッピングを学びます。
- ●ラッピングⅡ　変形のものや和風のものなど、アイデアとテクニックを学びます。
- ●ラッピングⅢ　日々の暮らしに役立つラッピングを学びます。

マジパン細工コース　認定証

- ●マジパン細工Ⅰ　作品を作りながら、マジパン生地や器具の扱い方を覚えます。
- ●マジパン細工Ⅱ　色使いを増やし、人形や花などの細かい作品にも取り組みます。
- ●マジパン細工Ⅲ　季節の行事に合わせた、マジパン細工を作ります。

着実に

ホームメイド協会の教室は全国に設置されております。

エリア・ブロック	エリア長・エリア長代行	郵便番号	住　　　所	TEL	FAX
本社	―	103-0027	東京都中央区日本橋2-16-4　サンリッチ本社ビル	03-3276-1888	03-3276-1894
東日本エリア	浅倉享子・森登志枝エリア長	103-0027	東京都中央区日本橋2-16-4　サンリッチ本社ビル	03-3276-1888	03-3276-1894
中部エリア	山田早苗エリア長	450-0002	愛知県名古屋市中村区名駅2-40-16　名駅野村ビル1F	052-586-3553	052-586-8554
関西エリア	清田明子エリア長総括	530-0001	大阪府大阪市北区梅田1-2-2　大阪駅前第2ビル1F	06-6346-3471	06-6346-3472
西日本エリア	鶴谷寿美エリア長	730-0051	広島県広島市中区大手町1-1-20　ニュー大手町ビル4F	082-249-7181	082-249-7123
エリア長統括　清田　明子					

有楽町ブロック	ブロック長	磯山　典子		
有楽町	100-0006	東京都千代田区有楽町1-12-1新有楽町ビルB1F	03-3216-3333	03-3216-3311
大井町	140-0014	東京都品川区大井1-25-1第二河野ビル　2F	03-3774-5713	03-3774-5713
草加	340-0034	埼玉県草加市氷川町2126-1フナトビル4F	048-922-8586	048-922-8586
渋谷ブロック	ブロック長	熊本　友子		
渋谷	150-0002	東京都渋谷区渋谷2-18-8第二奥野ビル4F	03-3498-5661	03-3498-1960
青葉台	227-0062	神奈川県横浜市青葉区青葉台2-11-27めーぷる青葉台ビル3F	045-984-2460	045-984-3189
たまプラーザ	225-0002	神奈川県横浜市青葉区美しが丘2-21-2第一キングビル2F	045-901-1134	045-901-1298
調布	182-0024	東京都調布市布田4-2-1調布スクエアビル8F	0424-88-0608	0424-88-0608
池袋ブロック	ブロック長代理	飯島　とも子		
池袋	171-0022	東京都豊島区南池袋1-25-1アソルティ南池袋6F	03-5951-3411	03-5951-8008
日暮里	116-0014	東京都荒川区東日暮里5-51-7大進ビル4F	03-3805-1661	03-3805-1661
志木	352-0001	埼玉県新座市東北2-30-26三上ビル4F	048-472-2224	048-472-2224
立川ブロック	ブロック長	田島　佳子		
立川	190-0012	東京都立川市曙町2-2-25立川第一デパート4F	042-528-2917	042-528-2970
甲府	400-0031	山梨県甲府市丸の内2-1-8タムラビル6F、7F	055-227-3339	055-227-3439
昭島	196-0015	東京都昭島市昭和町2-2-16サンロードビル2F	042-545-6931	042-545-6931
横浜ブロック	ブロック長	山並　昭代		
横浜	220-0004	神奈川県横浜市西区北幸2-1-6鶴見ビル4F	045-311-5941	045-314-9741
金沢文庫	236-0014	神奈川県横浜市金沢区寺前1-1-28Nビル2F	045-784-7423	045-784-7423
上大岡	233-0002	神奈川県横浜市港南区上大岡西2-2-4荻野ビル2F	045-848-0481	045-848-0481
久里浜	239-0831	神奈川県横須賀市久里浜1-5-16臼井第10ビル5F	046-834-5071	046-834-5071
相模大野ブロック	ブロック長	喜多村　信子		
相模大野	228-0803	神奈川県相模原市相模大野8-3-3センチュリーKIビル2F	042-765-5945	042-765-5965
厚木	243-0018	神奈川県厚木市中町2-4-13本厚木駅前ビル7F	046-221-3771	046-221-3771
橋本	229-1103	神奈川県相模原市橋本3-15-17HKビル2F	042-772-9321	042-772-9321
藤沢ブロック	ブロック長代理	蔵部　由美子		
藤沢	251-0025	神奈川県藤沢市鵠沼石上1-2-5第一ミヤビル2F	0466-24-4451	0466-24-1590
小田原	250-0011	神奈川県小田原市栄町1-10-4香蘭マンション2F	0465-22-6457	0465-22-6463
鎌倉	248-0012	神奈川県鎌倉市御成町13-12エフアールシー鎌倉ビル3F	0467-22-9100	0467-22-9100
平塚	254-0034	神奈川県平塚市宝町2-9ダイヤビル3F	0463-21-7221	0463-21-7221
所沢ブロック	ブロック長代理	谷本　和子		
所沢	359-0037	埼玉県所沢市くすのき台3-17-5秋津建設第1ビル1F	04-2993-7155	04-2993-7157
狭山	350-1306	埼玉県狭山市富士見町1-4-19高栄ビル4F	04-2957-9046	04-2957-9046
飯能	357-0035	埼玉県飯能市柳町23-1岡部ビル4F	042-972-3149	042-972-3149
田無	188-0011	東京都西東京市田無町4-28-13おんべビル4F	0424-51-2208	0424-51-2208
大宮ブロック	ブロック長	平澤　年子		
大宮	330-0803	埼玉県さいたま市大宮区高鼻町1-31-1 TOPS大宮ビル4F	048-644-4324	048-642-5902
宇都宮パルコ	320-8566	栃木県宇都宮市馬場通り3-1-1宇都宮パルコ10F	028-637-8715	028-637-8736
熊谷	360-0044	埼玉県熊谷市弥生2-74ウエストコート熊谷4F	048-525-9351	048-525-9351
小山	323-0022	栃木県小山市駅東通り1-5-9増田ビル2F	0285-25-5311	0285-25-5311
春日部	344-0067	埼玉県春日部市中央1-9-16鶴屋第一ビル3F	048-755-5801	048-755-5801
高崎ブロック	ブロック長	神部　惠子		
高崎	370-0828	群馬県高崎市宮元町26-4刀屋ビル2F	027-324-8801	027-324-8823
前橋	371-0805	群馬県前橋市南町3-38-3前橋UIビル2F	027-223-9085	027-223-9085
新潟ブロック	ブロック長	池田　栄子		
新潟	950-0901	新潟県新潟市弁天1-4-27伊藤駅前ビル4F	025-245-4621	025-245-4580
千葉ブロック	ブロック長代理	小川　満由美		
千葉	260-0015	千葉県千葉市中央区富士見2-9-13WTC千葉富士見ビル8F	043-222-5981	043-222-5934
木更津	292-0805	千葉県木更津市大和1-1-5第2鈴仁ビル3F	0438-22-6141	0438-22-6141
船橋ブロック	ブロック長	福原　麗子		
船橋	273-0005	千葉県船橋市本町6-4-23ケイウッドビル2F	047-425-0200	047-425-0605
津田沼	275-0016	千葉県習志野市津田沼1-2-23津田沼ビル6F	047-478-9896	047-478-9896
勝田台	276-0028	千葉県八千代市村上4495-13ヴェリテ勝田台2F	047-483-6039	047-483-6039
西葛西	134-0088	東京都江戸川区西葛西6-8-5三栄ビル3F	03-5696-6445	03-5696-6445
柏ブロック	ブロック長代理	富樫　澄子		
柏	277-0852	千葉県柏市旭町1-7-3飯塚ビル3F	04-7146-9218	04-7146-5505
土浦	300-0036	茨城県土浦市大和町8-22タマキビル2F	029-826-2829	029-826-2829
松戸	271-0091	千葉県松戸市本町17-7松葉ビル2F	047-368-2918	047-368-2918
亀有	125-0061	東京都葛飾区亀有3-17-3サンリッチ亀有ビル2F	03-5680-0211	03-5680-0211
水戸ブロック	ブロック長	阿部　満寿子		
水戸	310-0021	茨城県水戸市南町2-4-45吉見屋ビル3F	029-221-7671	029-221-7497
日立	317-0073	茨城県日立市幸町1-15-9四国屋ビル2F	0294-21-4416	0294-21-4416
いわき	970-8026	福島県いわき市平字3-28-1小松ビル3F	0246-22-0052	0246-22-0052
静岡ブロック	ブロック長	西澤　つくみ		
静岡	422-8067	静岡県静岡市駿河区南町6-16パレ・ルネッサンス3F	054-288-8821	054-288-8820
藤枝	426-0034	静岡県藤枝市駅前2-7-4マルハチビル2F	054-646-7326	054-646-7326
三島	411-0856	静岡県三島市広小路町10-1小田切ビル3F	055-976-0086	055-976-0086
富士	416-0915	静岡県富士市富士町4-15松野ビル2F	0545-64-8033	0545-64-8033
沼津	410-0037	静岡県沼津市三枚橋町15-10アム・大手町ビル4F	055-952-0121	055-952-0121
仙台ブロック	ブロック長	佐藤　惠美		
仙台	980-0021	宮城県仙台市青葉区中央1-7-4宮城商事ビル5F	022-263-9671	022-263-9674
泉	981-3133	宮城県仙台市泉区泉中央1-22-2高保壱番館2F	022-374-5735	022-374-5735
福島	960-8035	福島県福島市本町2-8リード本町ビル3F	024-522-2330	024-522-2330
札幌ブロック	ブロック長	小熊　陽子		
札幌	060-0063	北海道札幌市中央区南3条西3-8-1スワン札幌ビル5F	011-222-1221	011-222-1160
旭川	070-0030	北海道旭川市宮下通9-780-1日宝旭川駅前第1ビル7F	0166-27-1121	0166-27-1121

広がる手づくりネットワーク

長野ブロック	**ブロック長**	**五味　文子**		
長野	380-0826	長野県長野市北石堂町1435-4室町ビル3F	026-225-5035	026-225-5477
松本	390-0811	長野県松本市中央1-1-14松電観光バスビル2F	0263-39-0939	0263-39-0939
上田	386-0025	長野県上田市天神1-9-3 ASANOビル3F、4F	0268-24-2878	0268-24-2878
新宿ブロック	**ブロック長代理**	**米村　節子**		
新宿	160-0023	東京都新宿区西新宿1-21-1 新宿明宝ビルB1F	03-5321-4531	03-5321-4510
吉祥寺	180-0004	東京都武蔵野市吉祥寺本町1-12-6安藤ビル6F	0422-20-1665	0422-20-1665
名古屋ブロック	**ブロック長**	**石田　三枝子**		
名古屋	450-0002	愛知県名古屋市中村区名駅2-40-16名駅野村ビル1F、2F	052-586-8551	052-586-5677
小牧	485-0041	愛知県小牧市小牧3-182ヤオカネビル2F	0568-73-1421	0568-73-1421
四日市ブロック	**ブロック長**	**津田　あや子**		
四日市	510-0086	三重県四日市市諏訪栄町6-3堀木ビル4F	0593-52-8143	0593-52-8145
津	514-0032	三重県津市中央5-19村山ビル3F	059-222-2111	059-222-2111
栄ブロック	**ブロック長**	**奥田　恵子**		
栄	460-0008	愛知県名古屋市中区栄3-27-5栄SENT BLD5F・6F	052-262-1218	052-262-0643
新瑞	467-0064	愛知県名古屋市瑞穂区弥富通1-41ランドウォーカー2F	052-832-3961	052-832-3961
藤ケ丘	465-0033	愛知県名古屋市名東区明が丘124-1レイ・エ・ルイB1F	052-776-1185	052-776-1185
星ケ丘	464-0025	愛知県名古屋市千種区桜が丘11ソフィアビル3F	052-782-4731	052-782-6466
豊田ブロック	**ブロック長代理**	**山田　早苗**		
豊田	471-0026	愛知県豊田市若宮町7-2-5クリスタルビル2F	0565-32-4622	0565-32-4672
知立	472-0025	愛知県知立市池端3-1ヨツヤビル2F	0566-83-9848	0566-83-9856
岡崎	444-0051	愛知県岡崎市本町通1-12サンアベニュービル5F	0564-25-8231	0564-25-8231
岐阜ブロック	**ブロック長代理**	**水谷　久江**		
岐阜	500-8833	岐阜県岐阜市神田町7-16東洋ビル3F	058-263-3275	058-265-3729
一宮	491-0858	愛知県一宮市栄1-7-10ハーモニーマンション1F	0586-73-9068	0586-73-9068
金沢ブロック	**ブロック長**	**西山　紀代美**		
金沢	920-0981	石川県金沢市片町1-6-13アパ片町第3ビル3F	076-233-7688	076-233-7698
富山	930-0083	富山県富山市総曲輪3-9-11サンシャイン総曲輪9F	076-424-7880	076-424-7881
福井	910-0005	福井県福井市大手3-4-1福井放送会館B1F	0776-24-5811	0776-24-5812
浜松ブロック	**ブロック長**	**菅原　恵**		
浜松	430-0933	静岡県浜松市鍛冶町140-3イズム浜松ビル2F	053-452-5744	053-452-5746
浜北	434-0043	静岡県浜松市中条1558-1野末ビル2F	053-585-0491	053-585-0491
掛川	436-0029	静岡県掛川市南2-25-7落合ビル2F	0537-23-0589	0537-23-0589
豊橋	440-0888	愛知県豊橋市駅前大通2-48　名豊ビル1F	0532-57-1735	0532-571736
梅田ブロック	**ブロック長**	**白川　裕子**		
梅田	530-0001	大阪府大阪市北区梅田1-2-2大阪駅前第2ビル1F	06-6346-1791	06-6346-1792
茨木	567-0034	大阪府茨木市中穂積1-1-59茨木田中ビル1F	072-622-0740	072-622-0740
川西ブロック	**ブロック長**	**黒田　恭子**		
川西	666-0016	兵庫県川西市中央町5-5 OHMIビル2F	072-758-3754	072-758-1704
千里	560-0082	大阪府豊中市新千里東町1-4-2千里ライフサイエンスセンタービル1003号	06-6873-2033	06-6873-2033
三田	669-1513	兵庫県三田市三輪2-1-19三田ビル2F	079-564-5660	079-564-5660
難破ブロック	**ブロック長代理**	**田中　厚子**		
難波	542-0076	大阪府大阪市中央区難波2-1-2太陽生命難波ビル6F	06-6211-3809	06-6211-3827
西大寺	631-0822	奈良県奈良市西大寺栄町3-20ポポロビル4F	0742-34-7603	0742-34-7605
天王寺ブロック	**ブロック長代理**	**枦山　佳代**		
天王寺	545-0051	大阪府大阪市阿倍野区旭町1-1-10竹澤ビル9F	06-6636-3541	06-6636-3542
堺	590-0076	大阪府堺市北瓦町1-4-22グランドプラザビル3F	072-224-6256	072-224-6256
和歌山	640-8376	和歌山県和歌山市新中通り2-11-1オリエンタルパレスビル2F	073-433-6879	073-433-6879
京都ブロック	**ブロック長**	**住垣　和美**		
京都	600-8005	京都府京都市下京区四条通麸屋町西入立売東町24みのや四条ビル5F	075-213-0675	075-213-4213
枚方	573-0032	大阪府枚方市岡東町22-5南ビル4F	072-841-7209	072-841-7209
伏見桃山	612-8083	京都府京都市伏見区京町4-153-3ファーストビル2F	075-602-3808	075-602-3808
三宮ブロック	**ブロック長代理**	**岡本　恵津子**		
三宮	650-0034	兵庫県神戸市中央区京町67番地OTC神戸ビル4F	078-334-0434	078-334-1643
姫路	670-0927	兵庫県姫路市駅前町345番地みき正ビル2F	0792-85-0388	0792-85-0388
西宮北口	662-0832	兵庫県西宮市甲風園1-5-18スギモトビル3F	0798-64-1882	0798-64-1882
明石	673-0892	兵庫県明石市本町1-1-32らぽすビル3F	078-918-4778	078-918-4778
草津ブロック	**ブロック長**	**浅野　浩子**		
草津	525-0032	滋賀県草津市大路1-16-8ラポート大路1F	077-567-8818	077-567-8819
堅田	520-0242	滋賀県大津市本堅田4-16-6シャルマンコーポ大津堅田205	077-574-1860	077-574-1860
近江八幡	523-0894	滋賀県近江八幡市中村町20-15キャッスルビル2F	0748-33-7004	0748-33-7004
八尾ブロック	**ブロック長**	**白井　亘子**		
八尾	581-0803	大阪府八尾市光町二丁目3番　アリオ八尾2F	072-995-3711	072-995-3745
広島ブロック	**ブロック長**	**馬場　禎子**		
広島	730-0051	広島県広島市中区大手町1-1-20ニュー大手町ビル4F、6F	082-249-7181	082-249-6886
呉	737-0046	広島県呉市中通り3-8-15兼丸ビル2F	0823-22-2189	0823-22-2189
五日市	731-5133	広島県広島市佐伯区旭園4-33アイビスプラザ4F	082-922-1879	082-922-1879
徳山	745-0036	山口県周南市本町1-8磯濱ビル2F、3F	0834-22-6024	0834-22-9770
岩国	740-0018	山口県岩国市麻里布町3-4-4(有)見室不動産ビル2F	0827-22-8099	0827-22-8099
宇部	755-0085	山口県宇部市沼2丁目5-56	0836-22-0475	0836-22-0475
松山ブロック	**ブロック長補佐**	**吉田　むつ子**		
松山	790-0014	愛媛県松山市柳井町3-6-1徳本ビル5F	089-933-2443	089-933-2446
高知	780-0822	高知県高知市はりまや町1-5-5 YMビル4F	0888-84-4151	0888-84-4151
岡山ブロック	**ブロック長代理**	**鶴谷　寿美**		
岡山	700-0821	岡山県岡山市中山下1-2-30赤松ビル2F	086-227-2834	086-227-7083
福山	720-0066	広島県福山市三之丸町14-21坂本ビル2F	084-928-2757	084-928-2813
倉敷	710-0834	岡山県倉敷市笹沖361リード第1ビル2F-D	086-434-2083	086-434-2083
高松	760-0053	香川県高松市田町12番地ダブルス和田ビル2F	087-833-7675	087-833-7675
福岡ブロック	**ブロック長**	**阪上　公子**		
福岡	810-0001	福岡県福岡市中央区天神1-12-3天神町木村屋ビル8F	092-715-5609	092-715-5629
長崎	850-0057	長崎県長崎市大黒町3-1交通産業ビル5F	095-820-2572	095-820-2572
大分	870-0035	大分県大分市中央町1-5-1ベツダイ中央ビル3F	097-537-4555	097-537-4555
小倉	802-0003	福岡県北九州市小倉北区米町1-3-10一宮ビル4F-D号	093-533-2612	093-533-2612
熊本	860-0807	熊本県熊本市下通り1-3-6フタバビル3F	096-356-5633	096-356-5643
鹿児島	892-0826	鹿児島県鹿児島市呉服町5-9イリョービル3F	099-805-0880	099-805-0881

筆者／灘吉利晃（ホームメイド協会理事長）の主な著書

“食の安全と健康”そして“食育”

素顔の天然酵母たち

A4判　120ページ
定価　￥4,300+税

天然酵母パン研究本の決定版!!　自然と共にゆったりとしたテンポで生きていくこと、そして健康と安全の大切さを酵母を育てることで実感してみましょう。

走査電子顕微鏡で見た酵母の素顔も神秘的。また、四季の酵母をおこして作るさまざまなメニューも美しい写真と共に堪能できます。

パンへの道

A4判　132ページ
定価　￥3,500

筆者が無添加の手づくりパン研究で得た知識や、出会い、感動を読者の皆様と共感したいという思いから発行した一冊。さまざまな生活のシチュエーションの中で、パンをいかに楽しんで作るか、ひとつのアイデアでこんなにパーティーが豪華になる等、新しい食生活文化を提案する一冊。

素敵なパンの世界

A4判　136ページ
定価　￥2,800

人類が小麦に出会ったのは、1万年以上も昔のことといわれています。古代メソポタミア時代からエジプト時代、ローマ時代と人はパンと共に生きてきました。

そんなパンの歴史を振り返り研究し、またさまざまなパンを紹介していきます。「素敵なパンの世界」をぜひお楽しみ下さい。

私の生涯のテーマです。

麦ちゃんとパンの妖精

A4判　　36ページ
定価　￥2,500+税

自然のままの素材、豊かな日本の中で育まれた旬の素材を使い、ゆっくりと時間をかけて本物の味を作り上げる。天然酵母のパン種を“パンの妖精”と名付け、お子さまにも興味深く読んでいただけるように、絵本の形で表現しました。食の安全と健康、食育を守りたい方必読の本です。

天然酵母

A5判　144ページ　　定価　￥2,800+税

時代の要望に応えるべく、天然酵母を中心とし、また小麦の歴史や世界の食文化に言及しつつ、パンづくりを紹介しています。
天然酵母はさまざまな食物からできます。そのさまざまな天然酵母を使い、自分だけの多様な味を作ることができ、作る喜び、食べる喜びも堪能できます。

実習ノート

A5判　144ページ　　定価　￥1,500

独学でパン研究を始めた筆者が、初めて世に送り出した出版物。“手づくりパンブーム”を引き起こしたベストセラーでもある。手づくりの難しさ対策には、特に詳細な説明を加味し、ページを順に追いながら平行して作業を進めていくと、基本から高度なテクニックや理論までが身に付くように編集されています。

ホームメイド協会の特許・実用新案・商標の履歴

特許	製パン法	特許第1288954号
	シュガークラフト	特許第3047289号
	パン酵母の種及びそれを用いたパン生地並びにパンの製法	特許第3656574号
実用新案	パン生地及びパン	登録第3101689号
	パン	登録第3113748号
	パン	登録第3113749号
商標登録	家庭製パン研究センター	登録第1836020号
	サンユッシー	登録第2540356号
	ベンチタイム	登録第2617475号
	ホームメイド協会	登録第3015676号
	ホームメイド協会マーク	登録第3125499号
	オリジナルキャラクター	登録第4041996号
	スーパーコスモハート	登録第4274057号

商標登録	ワンツースポーツクラブ	登録第4050465号
	家庭彩塩	登録第4427562号
	トレ太くん	登録第4495576号
	切ってもクマちゃん	登録第4537857号
	めっけ	登録第4563283号
	森から海から	登録第4563282号
	灘吉市場	登録第4569997号
	灘吉市場	登録第4640545号
	びっくりみかんちゃん	登録第4676237号
	びっくりみかんちゃん	登録第4758828号
	切ってもトラちゃん	登録第4758827号
	デュークオレンジ	登録第4938608号
	ナッツサラ	登録第4938609号

Aesthetics of Bread

パンの美学

構成・プロデュース
萩原　勝
制　作
（株）アワーハウス
アートディレクション
川田　博（Kawata Design Room）
撮　影
大内光弘（IN LIGHTS）
本文デザイン
Kawata Design Room
本　文
金田直美／高村安夫
校　閲
高村安夫
酵母研究協力
山下　昭
印刷・製本
（株）五色堂マーチャンダイジング

制作協力
古代オリエント博物館
韮山郷土史料館
写真提供
毎日新聞社
木村屋総本店
中村屋
ウチキパン
ビタミンパン連鎖店本部
参考文献
『パンの文化史』（舟田詠子著・朝日新聞社刊）
『中世のパン』（フランソワーズ・デボルト著/見崎恵子訳・白水社刊）
『パン』（安達巖著・法政大学出版局刊）
『パンの歴史』（スティーヴン・L.・カプラン著/吉田春美訳・河出書房新社刊）
『江川坦庵』（仲田正之著・吉川弘文館刊）
『ようこそパンの世界へ』（リオネル・ポアラーヌ著/伊東勢訳・パンニュース社刊）
『世界史の中の出島』（森岡美子著・長崎文献社刊）
『日本の南蛮文化』（東光博英著・淡交社刊）
『食事史』（山本千代喜著・龍星閣刊）

パンの美《び》学《がく》

灘吉利晃《なだよしとしあき》 著
2007年5月10日　初版第１刷　発行

発行所：ホームメイド協会
103-0027　東京都中央区日本橋2-16-4
サンリッチ本社ビル
TEL 03-3276-1888（大代表）
発行者：灘吉利晃

発売所：株式会社 成甲書房
101-0051 東京都千代田区神田神保町1-42
TEL 03-3295-1687

ISBN978-4-88086-213-2

著　者　略　歴

灘吉利晃 なだよし　としあき
大分県中津市出身 中央大学経済学部 昭和39年卒業

独自で手づくりパン製法を開発し、同時に「食の安全と健康」をテーマに研究を続ける。昭和52年「家庭製パン研究センター」を設立、同時に（株）サンリッチを興し代表取締役に就任。平成元年「ホームメイド協会」に改め現在に至る。同協会が主宰する直営校は123校、指定校は7400校。ヨーロッパ、中東、アジア、北米等に出向き小麦文化の研究視察を続け、製パン法研究の成果として、「手づくりパン実習ノート」（ホームメイド協会出版）、「素敵なパンの世界」（講談社）、「パンへの道」（グラフ社）、「天然酵母」（海文堂出版）、「麦ちゃんとパンの妖精」（ホームメイド出版局）等を出版。昭和60年「製パン法」の特許を取得。シュガークラフト、パン生地法等多数の特許、商標登録を取得。最近では「パン酵母の種及びそれを用いたパン生地法並びにパン製法」の特許を取得。また、「フードアナリスト協会」の会員として、審査員を務めるなどの社会貢献活動にも意欲的に取り組んでいる。